L'EUCHARISTIE

et

l'humanité

Du même auteur, aux Éditions Anne Sigier :

L'Alliance et le Verbe

Au plaisir de croire

ALBERT ROUET

ARCHEVÊQUE DE POITIERS

L'EUCHARISTIE et l'humanité

ANNE SIGIER

1073, boul. René-Lévesque Ouest • Québec Canada • G1S 4R5 • 418-687-6086

Dépôt légal : Bibliothèque et Archives nationales du Québec, 2008
Bibliothèque et Archives Canada, 2008

ISBN 978-2-89129-532-1

Distribution :

Canada : Messageries ADP — France : AVM Diffusion
Belgique : Alliance Services — Suisse : Albert le Grand

www. annesigier.qc.ca

Cette publication ne bénéficie d'aucune subvention gouvernementale.

Ouverture

Sur l'eucharistie, il existe un nombre impressionnant d'ouvrages. Histoire biblique, histoire patristique et théologique, exposés doctrinaux, études générales ou ponctuelles, controverses et réfutations, exposés doctes ou pieux, livres de spiritualité, du meilleur comme du plus superficiel... tous les genres convergent sur ce sujet sans cesse repris. Fallait-il un texte de plus ? La question n'est pas naïvement posée, après coup, pour justifier un texte déjà composé. Depuis quelque temps, je l'avoue, je désirais rédiger des notes sur ce thème, notes qu'une demande d'Anne Sigier a rendu plus urgentes, me fournissant un prétexte au projet d'écrire. La question, au-delà de l'occasion fournie, rebondit : d'où venait ce désir de lancer quelques idées sur ce sacrement ? Je le dis sans détour : l'eucharistie me paraît aujourd'hui malmenée. Il convient de m'en expliquer.

Je pars d'une comparaison avec un autre sacrement : l'ordre. Dans les textes du Nouveau Testament, même si on peine à définir les divers ministères, dont les titres et les charges évoluent et gardent une large part d'indétermination, une chose est sûre : il existait dans les communautés primitives une pluralité de ministères, avec leurs responsabilités particulières que les derniers écrits pauliniens essaient d'articuler. Progressivement, ces ministères répartis dans les communautés ont été aspirés par le seul presbytérat, au point où il faut se placer sur une échelle, un *gradus,* pour monter vers l'ordination sacerdotale. Une confiscation des ministères s'est ainsi produite en faveur du seul prêtre. Elle complique considérablement aujourd'hui un nécessaire redéploiement de la ministérialité de l'Église dans les communautés. Dans le cadre d'hier, et probablement en lui seul, la situation accordée au prêtre rend insolubles les difficultés de l'heure.

Une même concentration sur l'eucharistie est en train de se produire. Elle entraîne, à terme, des problèmes inextricables. Écrire cela ne veut réduire en rien l'importance de ce sacrement, son rôle central dans le catholicisme et dans l'orthodoxie. Justement, ce qui est au centre n'est pas partout. Situer correctement un sacrement, loin d'en amenuiser la présence, lui confère une influence d'autant plus forte et essentielle qu'elle s'ajuste aux autres sacrements et innerve les exigences évangéliques. L'isolement assèche, les relations enrichissent.

L'eucharistie apparaît prise entre des spéculations qui poussent de complexes ramifications au degré le plus extrême, et un piétisme immédiat qui s'abîme dans l'affectivité. Les réflexions théoriques ignorent trop souvent les recherches les plus contemporaines, par exemple sur le sacrifice. Il ne suffit pas d'agiter le mot pour savoir ce dont on parle ni, surtout, pour percevoir les ruses tapies dans l'inconscient à propos d'un terme devenu largement commun aux religions, au sport et à la publicité. À l'autre bout de la chaîne, une chaleur émotive se complaît dans un face-à-face où, sous couvert d'adoration, un narcissisme spirituel n'est pas loin. Plus grave peut-être, des pratiques se donnent pour les seules exactes, recommandables et légitimes, ce qui les autorise à juger celles qui n'entrent pas dans leurs visées.

Trois sujets, au moins, sont ainsi évacués de l'attention. D'abord l'homme, avec sa faim et sa mort, avec ses plaies et ses révoltes, l'homme concret, ordinaire en ses pauvres et grands désirs. Ensuite l'Église, ce Corps du Christ que l'eucharistie construit et nourrit. Le corps eucharistique du Christ façonne son corps ecclésial. Ce serait désarticuler l'eucharistie que de l'isoler de l'Église. Enfin le monde, ce monde encore tristement inhumain, pour la vie duquel le Christ se livre en nourriture

(Jn 6,51). On considère l'eucharistie comme étant « la source et le sommet » de la vie chrétienne, mais il ne faut pas oublier que l'ordre historique et sacramentel espère le Royaume, le reçoit et prépare à en vivre.

Comment se fait-il que l'eucharistie concentre sur elle tant d'attention, au point que les autres sacrements de l'initiation chrétienne, le baptême un peu et la confirmation beaucoup, retiennent si peu d'égards qu'ils en sont presque traités en parents pauvres ? Une si grande focalisation recèle un danger : après l'inflation rampe la dévaluation. Les modes sont dangereuses. Les mauvais organistes, dit-on, « finissent en force ». La puissance de leur instrument cache l'indigence de leur inspiration. Or, l'eucharistie est simple. Oui, simple. C'est même sa simplicité qui rend difficile d'en parler, comme, dit-on encore, est difficile à peindre un verre d'eau.

Pourquoi donc une telle approche si globalisante de ce sacrement ? Que cherchent à prouver tant d'efforts ? Sont-ils d'ailleurs fournis pour l'eucharistie ou à son propos pour d'autres motifs ? Non pas que n'existent point des dévotions authentiques ni des théologies justes, mais l'abondance pose question. Et cette question, il la faut déceler et examiner. Il est en effet étonnant de constater combien de disputes inexpiables a causées ce sacrement. Parmi le septénaire sacramentel, il demeure celui qui a soulevé le plus de contestations. L'enjeu, certes, est de taille : il y va de la présence authentique du Christ et, sur ce motif essentiel, on comprend aisément que des débats fondamentaux se produisent. Mais il n'y a pas que cela. Sur des points importants – tel celui de remplacer le vin par de l'eau – ou franchement secondaires, une somme incessante de conflits sépare les croyants : sur le pain azyme et la forme des hosties, sur l'accès ou le refus de la communion, sur la manière de célébrer et l'uniformité des rituels… Tout, bien sûr, arrive à se justifier, mais tant de justifications oblitèrent l'essentiel et conduisent à se demander si c'est bien l'eucharistie qui est encore en cause, ou si une sacralisation abusive d'une position ne cherche pas à l'imposer comme unique. Que couvre le fait de traiter de l'eucharistie ?

C'est qu'elle se trouve au cœur de nombreux problèmes. Visiblement, le sacrement de l'unité divise. Car chacun veut l'unité à partir de sa conception, voire de sa sensibilité. D'où une question de pouvoir. L'unité a besoin d'un pouvoir qui l'établit et la garde. L'accès à la communion ou son refus (l'excommunication) ont servi à régler des questions disciplinaires, depuis les premières règles monastiques jusqu'au père de Calvin, exclu de la communion pour une obscure raison de taxe épiscopale impayée... À cette question s'adjoint celle du pouvoir du prêtre. Que l'ordination presbytérale confère la capacité de consacrer, cela n'est pas en cause. Mais l'est plutôt la conséquence que, d'un pouvoir sacramentel, un certain arbitraire du célébrant impose aux participants de faire ce que lui seul décide et valide. Enfin, un « sens du sacré », très marqué par l'histoire de la culture occidentale, dicte les moindres détails de célébrations où l'ennui et l'absentéisme ne provoquent aucune ouverture. Je ne peux m'empêcher de citer cette réflexion, dite avec sérieux, d'un vieil homme au sortir d'une messe : « Assister à une messe pareille est un vrai sacerdoce ! » Inutile de préciser que ni ses enfants ni ses petits-enfants ne l'accompagnaient...

Oui, je sais, il existe des exceptions heureuses. De grands rassemblements festifs galvanisent des foules. Le retour au quotidien en est plus douloureux. C'est l'eucharistie « ordinaire », celle de dimanche prochain, qui peine à attirer. Peut-on être créatif chaque semaine, avec cette pointe d'originalité qui marque les événements rares d'un goût inédit ? Il existe aussi des groupes qui se plaisent dans une culture liturgique où ils retrouvent des conventions de leur milieu social. Justement, c'est une façon de se dissocier.

Ainsi coincée entre le ritualisme où les gestes liturgiques gomment l'humanité, avec des observateurs pointilleux qui, semble-t-il, n'arrivent plus à prier s'ils ne trouvent quelque geste à critiquer, et le piétisme déconnecté de la réalité, l'eucharistie se trouve, de fait, livrée aux aléas des groupes. Et ce n'est pas une affaire de rubriques, plutôt une question d'atmosphère. D'Esprit, en un mot. Donc d'humilité.

Mais, justement à propos de l'humilité, quel contraste entre la petitesse de l'hostie, sa fragilité, et les ors qui pompeusement l'entourent ! Faut-il tant de brillant pour recevoir le Serviteur du lavement des pieds ? La dignité, le respect dépendent-ils du faste et des apparences ? Autant il convient que l'acte liturgique s'inscrive en harmonie avec l'espace où il est célébré, autant il arrive un moment où s'incline la majesté. Il n'est pas sain que le sacrement du corps et du sang du Christ soit écarté de sa pure nudité.

J'aimerais, dans les pages qui suivent, parler simplement de l'eucharistie, en mémoire de la première fois : à hauteur d'homme, main tendue pour offrir et main ouverte pour recevoir. Ève prend le fruit, Israël ramasse la manne. L'eucharistie ne se cueille ni ne récolte, elle s'accueille. Car on recueille pour ses besoins, mais on accueille pour l'espérance. Il est décisif de comprendre que ce sacrement ouvre une espérance à la mesure sans mesure du Royaume. Le Christ part, il laisse ce geste en mémoire de lui, marquant les siècles de la présence de son offrande. À Emmaüs, il s'efface, poussant ses deux convives à courir vers leurs frères. En saint Jean, par un surprenant hiatus de la phrase, le Christ dit aux disciples : « Si quelqu'un mange de ce pain, il vivra éternellement ; et le pain que je donnerai, c'est ma chair… » La phrase attendrait cette suite logique : « … pour que vive celui qui me reçoit ». L'inclusion eut été parfaite. Eh bien, non ! Jésus termine : « … pour la vie du monde » (6,51). Tout est dans cet élargissement. Il tire l'eucharistie au-delà des pièges où pouvoir, scrupules et émotivité la retiennent.

L'eucharistie est un pain qui donne faim. Elle touche l'homme en ses réalités les plus fondamentales : prendre, manger, boire, faire mémoire, s'allier… Elle consent à ce qu'est l'homme et elle consent à ce qu'il est pour Dieu – ce qu'elle lui donne. J'ai rarement entendu phrase aussi juste sur la messe que celle-ci : « J'y viens pour exister », c'est-à-dire à la fois pour être reconnu comme une personne et pour se tenir hors de soi, pour sortir de soi en cet élan de livraison qui est à l'origine de l'eucharistie. Ce n'est donc pas un traité supplémentaire que j'ai souhaité écrire, ni un ouvrage de spiritualité. J'ai envisagé de saisir l'eucharistie là où le Christ sérieusement et généreusement assume l'humanité. Une eucharistie incarnée comme la Parole qui la fait, au souffle de l'Esprit.

Si ce pain donne faim, comment l'eucharistie nous apprend-elle la faim ? Je pense aux multiples faims de millions d'hommes. N'avez-vous jamais été blessés par les famines si proches de nous, en recevant cette présence qui court le monde ? N'avez-vous jamais ressenti cet élan qui nous rend si démunis devant l'ampleur de la tâche, mais si comblés d'une Alliance inépuisable ? Non pas un comblement qui satisfait et repaît, mais une plénitude non comblante, celle d'un partage. Avec l'ardeur de l'échange trinitaire. On se retrouve à terre, humble envoyé d'une Parole de vie, pour tous les autres, à commencer par la brebis perdue.

À travers les fidèles qui communient, le sang et l'eau s'écoulent sur le monde. À deux reprises, le Christ affirme que celui qui croit en lui, des sources d'eau vive couleront de son sein (Jn 4,14 ; 7,38). L'union au Christ est à ce point intime que le disciple est conduit à donner sa vie, pas à pas, goutte à goutte, mais pour de bon. L'eucharistie aspire à un monde nouveau de parole partagée, de paix échangée, de communion et d'alliance. Elle accomplit la création, elle la rénove.

Tout cela, finalement, est très simple, je l'ai dit. La vraie question consiste à en vivre ! Il n'y a pas d'engagement sans intériorité. Car l'engagement est un don. Il s'agit de savoir au nom de qui il est fait. L'accomplir en notre propre nom n'irait pas très loin. Au nom d'une idéologie qui prétendrait mesurer l'homme sans être jugée par lui, il resterait très restrictif. L'eucharistie est un don qui vient du Père. Il est sans frontières. Par conséquent, il laisse une grande liberté de mouvement, d'analyse et de collaboration. Ne pas éteindre cet Esprit, voilà la seule attention que nécessite notre adoration.

En écrivant, j'ai évité les références savantes. Quelques allusions, ici ou là, suffisent pour cette anthropologie eucharistique (l'expression est un peu affectée !). Des citations illustrent tel ou tel passage, simplement pour montrer que, depuis longtemps, ces sujets avaient provoqué l'attention. Plus que l'attention, d'ailleurs, elles éveillaient le désir. C'est le principal. Un désir plus impérieux que nos envies, car l'eucharistie met en nous le désir que Dieu manifeste de se lier à cette terre.

1

« Prenez... »

Quand le Christ institue l'eucharistie, il emploie des verbes à l'impératif : « Prenez, mangez, buvez, faites. » L'ordre est net. Il ne demande aucune explication, tant les verbes sont simples. Chacun comprend ce dont il est question. L'impératif n'ouvre pas un dialogue, il désigne une action à accomplir. La réponse habite l'obéissance qui effectue ce qui est commandé. Le dialogue quitte le registre du discours. À une parole correspond un acte. En principe, tout au moins ! Celui qui commande entend bien être écouté par celui qu'il estime capable de faire ce qui lui est demandé. Il attend une attitude positive d'acceptation de l'ordre et de mise en œuvre de ce qu'il indique.

L'impératif de la fidélité

En principe... La réalité rencontre plus de diversité ! Saint Matthieu conserve une parabole, appelée « parabole des deux fils » (Mt 21,28-32). Voici un père qui dit à ses deux fils : « Va aujourd'hui travailler à la vigne. » Surprise ! Le premier répond – au sens où l'on dit d'un enfant rétif qu'il répond – : « Je ne veux pas. » Mais il se reprend et va travailler à la vigne[1]. Le second acquiesce immédiatement : « J'y vais, Seigneur », mais il n'y va pas. L'Évangile affirme que le premier a obéi à son père.

1. « Le premier enfant a vivifié la parole de son géniteur, de son créateur. Voici qu'il n'y a plus maintenant un humain et son rejeton. Il y a un père et un fils. La volonté du père n'était pas que son enfant exécute son ordre, mais qu'il devienne fils en faisant toute cette œuvre de parole sur sa parole initiale » (M. BALMARY, *La divine origine*, Paris, Grasset, 1993, p. 272).

Matthieu commente une phrase bien connue d'Ézéchiel : « La justice du juste ne le sauvera pas le jour de sa révolte, et la méchanceté du méchant ne le fera pas trébucher le jour où il se détournera de sa méchanceté » (Éz 33,12). L'ordre donné par le père – habilité à le donner puisqu'il est propriétaire de la vigne et employeur de ses fils – conduit ceux-ci à prendre position et à dévoiler l'attitude profonde de leur cœur. La parole du père tranche, elle met au jour les dispositions les plus intimes : « Car elle est vivante et efficace, la parole de Dieu. Plus affilée qu'un glaive à deux tranchants, elle pénètre jusqu'au point de division de l'âme et de l'esprit, des jointures et des moelles. Elle démêle les intentions et les pensées du cœur » (Hé 4,12)[2]. Saint Luc parle d'un « signe de contradiction... afin que se révèlent les pensées intimes d'un grand nombre (Lc 2,34-35), et saint Paul de « discernement », de « s'examiner soi-même » (1 Co 11,29-31).

L'impératif crée un temps de vérité. Il exige de se déterminer. Oui ou non. L'eucharistie commence par un temps de parole qui oblige à être vrai, à prendre ou à laisser. L'impératif écarte les ruses, les chausse-trapes, les pièges retors où, à Jérusalem, les responsables des divers groupes qui cherchent à conduire le peuple veulent enfermer le Christ et le prendre en défaut (Mt 21,23 ; 22,15.23.35...). Il s'agit maintenant d'être vrai, comme écrit saint Jean : « Qui fait la vérité vient à la lumière pour qu'il soit manifesté que ses œuvres sont faites en Dieu » (Jn 3,21).

En saint Jean, justement, le discours sur le pain de vie n'est pas à l'impératif. Jésus annonce : « Je suis le pain de vie » (Jn 6,35). Il proclame : « Tel est le pain qui descend du ciel que celui qui en mange ne meurt pas » (v. 50). Ces affirmations provoquent murmures, discussions, rejet et, à la fin, le départ de nombreux

2. « Le vif de l'Évangile est là : que c'est à trancher entre l'amour et le meurtre que Dieu paraît le vrai, l'unique, celui où se défont tous les dieux d'image et d'idée, et dont la seule icône est l'homme de justice, qui va jusqu'à donner son sang, donner sa vie pour ceux qu'il aime, et dont la présence en nous ait la part que nous avons à cet amour » (Maurice Bellet, *La longue veille,* Paris, Desclée de Brouwer, 2002, p. 207).

disciples. Ceux-ci sont rebutés par la dureté d'un langage déconcertant. Alors, ils se fondent dans l'anonymat. Pendant le dernier repas, Jésus donne à Judas, qui a déjà choisi son camp, une bouchée trempée : « Ce que tu fais, fais-le vite » (Jn 13,27). Il rend Judas à la décision déjà prise, au plan qui se déroule. Il le renvoie à sa contradiction interne : il est présent, mais il a déjà livré son maître. Judas tombe dans la nuit qui l'habite.

L'impératif suppose bien des conditions : que celui qui le pose soit qualifié pour le faire ; que ceux qui le reçoivent soient aptes à l'interpréter correctement ; qu'existe donc entre celui qui parle et ceux qui entendent une relation telle que l'ordre en soit justifié. Un ordre peut être étrange, mais jamais étranger. L'impératif déclare une chose à faire ; il affirme que ce qu'il prescrit passe de celui qui commande en ceux à qui il enjoint d'agir.

En ce sens, les Béatitudes constituent des déclarations impératives. Elles disent ce qui est. Elles enjoignent de participer à cette réalité. Quels que soient les motifs pour lesquels les foules suivent le Christ – le succès, la santé ou la gloire –, il lance un « Heureux » qui renverse, dès à présent, l'ordre des attentes et des perspectives. Le premier mot du premier des cinq sermons de Jésus en saint Matthieu désigne la joie du Royaume, et comment la recevoir. Les pauvres de cœur, les artisans de paix, les assoiffés de justice, etc., communient au projet de Dieu sur la terre. Déjà, ils en vivent à la suite du Christ dont la nourriture et la joie consistent à faire la volonté de Celui qui l'a envoyé. Lui est heureux d'être là où il parle. En prononçant les Béatitudes, il dévoile la joie qui l'anime et il révèle son Père.

Ayant leur origine dans la relation personnelle du Fils à son Père (« Abba » : Mc 14,36), les Béatitudes témoignent d'une radicalité totalement neuve. Leur exactitude, leur justice dépasse ce qui était connu et deviné (Mt 5,20). Elles inaugurent l'avènement d'une ère nouvelle, celle de relations personnelles vivifiantes, même sous les outrages (Mt 5,11). C'est pourquoi elles posent une objectivité, celle d'un engagement sans réserve ni mélange (« Heureux les cœurs purs » : Mt 5,8). Ces cœurs purs contemplent dans un crucifié la splendeur de Dieu (Jn 19,37). Nul ne peut se cacher derrière de bonnes raisons : il agit ou non. Telle est l'attitude du « serviteur fidèle et avisé : … il donne aux domestiques la nourriture en temps voulu » (Mt 24,45). Il donne à manger, à boire, il habille, il soigne, il visite. Ainsi, il se donne.

Les Béatitudes désignent un impératif, le même que celui dont le Christ fait l'axe de sa vie. Elles rejoignent le récit de l'institution de l'eucharistie. Le Christ s'abstrait de la foule, ses disciples s'approchent (Mt 5,1 ; 26,17), le Royaume est proche (Mt 4,17) ainsi que le temps du Christ (Mt 27,18) ; la montagne et la chambre haute… D'un côté les Béatitudes, de l'autre la Cène. Plus qu'un impératif grammatical ou éthique, une personne se livre et se donne. Telle est la valeur radicale de ce rapprochement : le Christ se livre à un impératif reçu du Père (Jn 12,50).

Il y a plus. Les Béatitudes apportent un renversement de perspective. En simplifiant, on peut dire que le messianisme politique ou purificateur est réorienté vers la miséricorde, les larmes et la douleur. Ce bouleversement n'est pas sans contacts avec l'Ancien Testament : Dieu accompagne le pauvre de cœur (Is 66,2)… ; les humbles possèdent le pays (Ps 37,11) ; les endeuillés sont vêtus de joie (Is 61,3)… L'eucharistie elle-même s'inscrit dans la mémoire pascale, et « le sang de l'Alliance » est annoncé dans l'Exode (Ex 24,8). Par conséquent, la nouveauté introduite par le Christ et l'impératif créateur ne font pas qu'inaugurer un temps insoupçonné, ils récapitulent l'histoire entière, comme se fend une graine pour laisser passer une jeune pousse. Jésus publie « des choses cachées depuis la fondation du monde » (Mt 13,35 = Ps 78,2). Le monde nouveau s'enracine dans une création qu'il recrée. Béatitudes et eucharistie – paroles et acte – révèlent et accomplissent le mystère de Dieu pour le monde (Rm 16,25). Elles le font grâce à une personne, celle du Fils[3].

3. « Le ferment dans la masse de farine, c'est aussi le corps de notre Seigneur dans la masse de la famille d'Adam » (Éphrem de Nisibe, *Commentaire de l'Évangile concordant ou diatessarion*, XI, 21, Paris, Cerf, 1966, p. 207).

La première épître de saint Jean expose ce principe de la reprise de l'histoire pour ouvrir un temps nouveau ou, mieux encore, pour ouvrir l'écume des jours à la profondeur de Dieu. Au chapitre 2, l'auteur demande de garder les commandements du Christ, très exactement : « Qui garde sa parole a vraiment en lui le parfait amour de Dieu : qui prétend demeurer en Lui (Dieu) doit vivre à son tour comme Celui-là a vécu » (1 Jn 2,5-6). Or, ce commandement n'est pas nouveau, mais ancien : « Vous l'aviez depuis le début… c'est la parole que vous avez entendue » (v. 7)[4]. Car c'est du Christ que parle Moïse (Jn 5,46), et Abraham vit son jour (Jn 8,56). Toutefois, le commandement est nouveau, parce que « déjà brille la vraie lumière » (1 Jn 2,8). Récapitulation novatrice et nouveauté qui remonte au dessein créateur : « Dieu vit tout ce qu'il avait fait. Voilà, c'était très bon » (Gn 1,31). Retentit ici l'impératif premier : « Faisons l'homme à notre image, selon notre ressemblance » (Gn 1,26).

De la bonté de l'acte créateur aux Béatitudes, de l'impératif créateur à l'ordre eucharistique, se déploie une même fidélité. Les Béatitudes éclairent l'acte de l'eucharistie. L'hymne du chapitre 1 de l'épître aux Colossiens résume ce projet vrai parce que fidèle :

> « Il [le Christ] est l'icône du Dieu invisible,
> Premier-né de toute créature…
> Tout a été créé par lui et pour lui…
> Lui encore est la tête du corps, de l'Église…
> établissant la paix par le sang de sa croix » (Col 1,15-20)[5].

4. « Oui, leur ancienneté est telle que le législateur lui-même, l'Ancien des jours, vit de ces mêmes lois et en a vécu depuis le commencement. Je le sais, dit Jésus, le commandement de mon Père est vie éternelle. Si donc l'amour constitue la vie éternelle – ce qu'il est en vérité –, c'est bien de lui que Dieu vit éternellement ; oui, il vit de cet amour qu'il est lui-même » (JEAN DE FORD, *Sermon 14 sur le Cantique des Cantiques,* 1, Oka, 1999, p. 168-169).

5. « … Parce qu'il a été le premier à être renouvelé par sa résurrection d'entre les morts et à avoir été transformé pour une vie nouvelle et admirable, tout en renouvelant toutes les créatures et les conduisant à une nouvelle création » (THÉODORE DE MOPSUESTE, *Homélies catéchétiques,* 3, 9, Paris, Migne, 1996, p. 55).

Et le premier impératif de l'institution de l'eucharistie est: « Prenez... »

Prendre avec des mains trouées

Prendre est un de ces verbes les plus communément utilisés. Ses significations sont multiples: saisir, capturer jusqu'à occuper un lieu, arrêter quelqu'un, amener à soi... On ne sera donc pas surpris de découvrir que la traduction de la Bible de Jérusalem l'emploie plus de 1 800 fois. Car l'acte de prendre consiste à mettre la main sur quelque chose ou sur quelqu'un à tenir près de soi. L'acte suscite et parfois impose une proximité. Il continue un comportement primal de l'enfant qui découvre progressivement son corps en se prenant la main ou le pied et qui explore le monde par la prise des objets qui l'entourent. De la prise de contact à la prise d'une proie, le fil est continu et marque les extrêmes des significations: de la plus douce approche pudique et attentive jusqu'à la violence qui s'empare d'une proie ou arrache un butin. Prendre n'échappe à de si fortes ambivalences que par l'esprit qui anime l'action. Et les dérivés multiplient les champs des sens possibles: de l'appréhension qui craint à la compréhension qui relie par une intelligente aimante. Entre ces termes, que dire de la surprise, malencontreuse ou divine?

De ce verbe a poussé une forêt d'expressions usuelles. Le plus grand nombre d'entre elles concerne les deux domaines de la relation et du corps. Ce sont des évidences, bien sûr, mais il n'est peut-être pas vain de les rappeler. Dans le domaine des relations, voici: prendre la balle au bond (saisir l'occasion) ou le taureau par les cornes (affronter), prendre place et prendre parole, prendre quelque chose de travers et prendre garde sans en arriver à prendre en dégoût, prendre à témoin, prendre courage, en pitié, prendre soin... Surtout prendre femme, nous allons y revenir.

Dans la prise, le corps est partie prenante: prendre en main et à cœur, prendre sur le dos et prendre sur soi, prendre à bras le corps et, mieux encore, prendre dans ses bras, et surtout prendre corps, prendre chair, comme Jésus prit le livre qu'on lui tendait : « Aujourd'hui s'accomplit cette Écriture » (Lc 4,21)[6].

Évoquer ces expressions parmi tant d'autres n'est pas si loin de l'eucharistie : ce parcours sémantique décrit la première étape pour s'avancer vers l'eucharistie. Le Christ aurait pu utiliser un mot anodin (« Voici »), tendre le pain sans rien dire ou employer un verbe neutre (« Tenez », « Passez-vous cette coupe... »), voire un verbe de politesse (« Acceptez, recevez »). Mais il dit : « Prenez. » Le choix du mot n'est pas innocent, car il regroupe trois difficiles problèmes sur lesquels la Bible jette une lumière courageuse. Parcourir rapidement ces points cruciaux pour l'humanité apporte les conditions anthropologiques et spirituelles nécessaires pour se situer correctement devant l'eucharistie. Si le Christ l'institue à la fin de sa vie, ce n'est pas simplement à cause du lien avec le mystère pascal. Les Évangiles montrent comment la passion et la résurrection sont sous-jacentes dans des événements qu'elles expliquent déjà : le récit de l'enfance du Christ chez Matthieu est bâti selon un voyage, un exode qui mène au pays de la mort, l'Égypte, accompagné par le massacre des innocents, mais suivi par le retour en Galilée de celui qu'une prophétie sans référence désigne comme « Nazôréen », c'est-à-dire, au sens le plus juste, « le Rescapé » (Mt 2,23) ; la marche sur les eaux illustre que le Christ foule aux pieds l'endroit invivable où l'homme sombre.

D'ailleurs, saint Jean, en plaçant l'annonce de l'eucharistie au tiers de son texte, met en relief l'importance et la difficulté de préparer les esprits à entrer dans l'offrande du Christ. Le

6. « ‹ Jésus ›, est-il dit, ‹ se lève pour lire ›, et le sens se lève à mesure qu'il lit : Noël, épiphanie du sens ; résurrection du sens. Jésus prend le livre entre ses mains, comme pour finir il prendra le pain (Lc 22,19) : d'un bout à l'autre de son ministère, c'est le même acte, c'est la même liturgie ; Jésus prend le livre aussi comme son propre corps, et pris en de telles mains, le Livre devient son Corps d'Écriture, son Corps livré » (François Cassingena-Trevedy, *Nazareth, maison du Livre*, Genève, Ad Solem, 2004, p. 51).

quatrième Évangile présente l'eucharistie au moyen du dialogue et de la discussion. Se révèlent alors les résistances, les refus, les doutes. Les gens s'en vont. De même qu'il existe une préparation évangélique, c'est-à-dire une orientation progressive du cœur de l'homme le conduisant à admettre le Christ et à l'accueillir dans le sens où il le veut, dans la fidélité à ce qu'il propose, ainsi existe-t-il une préparation eucharistique visant à la recevoir telle qu'elle nous est proposée, et surtout à la profondeur de vérité où le Christ la donne. Il existe donc des conditions anthropologiques d'accès à l'eucharistie, et celle-ci dévoile les profondeurs de l'homme : elle est un acte de lumière qui révèle à l'homme qui il est et à quelle conversion il est appelé.

Sur l'eucharistie, il existe nombre d'études savantes, utiles, éclairantes, qui aident à former une intelligence de ce sacrement. Il existe autant d'analyses exégétiques scrutant les passages bibliques relatifs à l'eucharistie. Malgré les impressionnants outils d'analyse du texte et les appareillages de réflexions théologiques, ces exposés gardent une certaine naïveté dans leur traitement purement objectif des références. Ils oublient les présupposés subconscients de la lecture, les ruses de la projection du lecteur (même savant). Ils oublient surtout que l'intelligence la plus aiguë ne saurait être disjointe des racines affectives, parfois pulsionnelles, souvent peu conscientes, qui la soutiennent et l'orientent. Pour cette raison, la science la mieux élaborée peut déboucher sur un piétisme émotionnel non maîtrisé. À ce jeu, est évité un point essentiel, celui de la conversion la plus profonde de l'existence. Pour reprendre un vocabulaire biblique, il se produit certes un aller-et-retour, un retournement *(épistrophè)* du comportement, mais sur le même chemin, sur le même plan. Mais le bouleversement, la réorganisation profonde de l'être où l'étoile polaire change de cap *(metanoia)* ne s'effectue pas.

L'eucharistie vise le plus existentiel de l'homme, et trois questions radicales autour du verbe « prendre » désignent comme des conditions d'accès.

• *Prendre : l'outrage ou l'alliance*

Une première question surgit au croisement de la relation et des corps. L'adjonction de la préposition « pour » au verbe prendre – « prendre pour » – traduit des significations qui vont de l'adoption (« Alors Noémie prit l'enfant et le mit sur sa poitrine » – Rt 4,16) à l'esclavage : Samuel avertit les Israélites que, s'ils choisissent un roi, celui-ci les prendra pour esclaves, comme on prend à gages (1 S 8,11-13). L'enfant adopté passe pour un véritable enfant ; prendre quelqu'un pour esclave le renvoie à un statut inférieur. Les apparences trompent : on prend quelqu'un pour un autre. La prise qui se donne pour assurer glisse sur la surface des êtres, coule entre les doigts. Il y a de quoi « se prendre soi-même en dégoût » (Éz 36,31), car on découvre qu'on se prend pour un autre.

Allons au meilleur : un homme prend une femme pour épouse. Elle « devient propriété d'un homme » (Nb 30,7). Prendre pour femme ou prendre femme signifie se marier. Dans un de ses premiers usages bibliques, cette expression se trouve au centre d'une grave méprise : le Pharaon, trompé par Abraham qui la présente comme sa sœur, prend Sara pour en faire une épouse (Gn 12,19). La polygamie règne pour longtemps. À cette époque, il était essentiel de prendre femme dans sa tribu : l'endogamie reste une exigence. Par exemple : les fils de Jacob refusent leur sœur à Sichem (Gn 34,14), et une guerre s'ensuivra ; Moïse naît d'une union légitime (Ex 2,1) ; Esdras renverra les femmes étrangères (Esd 10,3). On ne peut prendre une femme mariée : David en fait l'amère expérience (2 S 12,9). Les règles matrimoniales sont rigoureusement définies : un homme ne prend pas qui il veut. La relation la plus vive peut se muer en haine : Amnon l'éprouve après avoir violé sa sœur (2 S 13,15). « Prendre » cache un redoutable secret : qui sait pourquoi il saisit et comment évoluera la relation ? L'autre, la vie de l'autre échappent à toute emprise.

C'est pourquoi le sang – qui est la vie (Gn 9,4) – ne peut être consommé. Avant de manger une bête, on laisse couler son sang à terre. Seul le grand prêtre peut utiliser le sang pour asperger l'autel ou pour consacrer les prêtres (Ex 29,16; Lv 4,5; 8,23; Éz 45,19...). La vie est prise à sa source, le sang, afin de multiplier la vie. Le sang sert de médiation entre un état inférieur et une condition supérieure de la vie: il coule vers un surcroît d'existence. À condition de ne pas se perdre, comme chez cette femme affligée d'une perte de sang qui la rend stérile et impure (Lc 8,43). Le sang relie, en une généalogie sanctifiée, il féconde la terre. Il est signe d'alliance. On ne le verse pas à la légère.

Cette première acception du verbe « prendre » couvre un champ de signification qui va du mensonge à l'alliance, de l'outrage à l'union. Une chaîne le parcourt, le lien du sang qui ne se mêle pas au sang étranger par un mariage interdit, ni à la violence par le meurtre, ni à la stérilité par une perte impure. Il indique une vie que, justement, on ne doit pas prendre (« ma vie, nul ne la prend, c'est moi qui la donne »: Jn 10,18). On ne peut que la restituer à la terre que Dieu a confiée aux hommes (Ps 115,16).

• *Prendre: la possession et le choix*

Dans l'Apocalypse, l'Agneau reçoit l'hommage: « Car tu as été égorgé et tu as racheté pour Dieu dans ton sang des hommes de toute tribu, langue, peuple et nation. » Il a racheté et payé de sa personne, de son sang. Donc, « tu es digne de prendre le livre et d'en ouvrir les sceaux » (Ap 5,9). Il prend sa place royale, il y a droit. Il prend possession de son siège: c'est encore l'expression utilisée pour l'entrée en fonction d'un évêque. Ainsi l'Agneau prend-il possession de son règne (Ap 19,6).

Au verbe « prendre » est attachée l'idée de possession. Ce qu'on prend, on le détient, on le garde, on fait corps avec lui. Une façon de justifier la propriété privée, c'est d'y voir un prolongement de la personne même: l'avoir nécessaire pour être. Or, au départ, arrive un don gratuit, sans autre raison qu'une amoureuse générosité. Dieu « prend l'homme et l'établit dans les jardins d'Éden pour cultiver le sol et le garder » (Gn 2,15). À cet Adam impérial mais solitaire – ce qui n'est pas bon –, Dieu accorde une aide ajustée, un vis-à-vis adapté, une femme. Il couche l'homme à terre, l'anesthésie d'une profonde torpeur[7]. Il le réduit à l'impuissance, aussi nu qu'au jour de son apparition. Du torse, où bat le cœur et palpite le souffle, Dieu « prend l'une de ses côtes » (Gn 2,21) pour qu'une autre vie soit enchâssée dans une poitrine ayant un cœur égal et une respiration aussi large. Et Dieu présente la femme à Adam, celle sur qui l'homme ne pourra mettre la main, sauf à se mutiler lui-même. Dieu prend pour ne rien garder. Il prend pour présenter et laisser aller librement.

La même gratuité préside au don de la terre. Elle est promise à Abraham et donnée à sa descendance en possession (Lv 20,24). Le Deutéronome parle 29 fois de la possession du pays. Celle-ci découle d'un choix premier : « C'est que le Seigneur vous aime » (Dt 7,8). Possession blessée en amont par un octroi gratuit, blessée par des aléas historiques jamais terminés, blessée enfin par une ouverture, lors de l'exil à Babylone, par des émigrations, la diaspora. Posséder n'est pas s'approprier, mais rester sous le signe imprescriptible du don. Tels ces pêcheurs qui ont peiné toute une nuit sans rien prendre : la parole d'un Autre emplit leurs filets (Lc 5,6). Une possession trouée.

D'ailleurs, le verbe « prendre » signifie « mettre à part, trier, choisir, séparer ». Pour susciter Ève, Dieu ne prend que le côté d'Adam (Gn 2,21)[8]. La femme d'Isaac doit être prise, comme

7. « Dieu, qui, par le sommeil, avait mis Adam en état d'extase, le rendit à la lumière du jour par la femme. C'est pourquoi, en tournant ses regards et ses pensées vers elle, Adam exprima clairement ce qu'il n'avait ni vu de ses yeux ni connu par raisonnement » (Théolepte de Philadelphie, *Discours 23,19,* Paris, Migne, 2001, p. 272).

8. « Le Roi du monde aurait pu former de la même poussière cette jeune fille à son tour : mais, pour que l'homme pût aimer pleinement, d'un cœur sans partage, Dieu voulut qu'en son épouse le mari reconnût son propre corps » (Dracontius, *Louanges de Dieu,* I, v. 377-381, Paris, Les Belles Lettres, 2002, T. 1, p. 170).

Abraham le fut, parmi « la maison de mon père et au pays de ma famille » (Gn 24,7). De même, les Lévites sont pris parmi les fils d'Israël pour appartenir à Dieu : « Je prends les Lévites en échange de tous les premiers-nés des fils d'Israël (Nb 8,18). L'élection de David est racontée comme le fait d'être pris derrière les troupeaux (Ps 78,71) ; celle d'Amos également (Am 7,15) et aussi celle du grand prêtre (Hé 5,1). Ces élections personnelles, accomplies par une gratuité (« l'un est pris, l'autre laissé » : Mt 24,40), représentent autant de conséquences et de symboles du choix premier d'Israël : « Je vous prends d'entre les nations » (Éz 36,24). « Dieu s'est saisi de vous » (Dt 4,20).

L'usage de ces significations du verbe « prendre », entre l'impérialisme qui s'empare de tout ce qu'il touche et l'élection d'un unique entre plusieurs, oblige à réfléchir à ce double fait : d'une part, la maîtrise souveraine de Dieu tempère sa puissance, puisqu'elle ne revendique qu'une part parmi un ensemble ; d'autre part, l'appel et le choix particulier établissent un peuple comme signe au milieu des nations, et une personne au service des autres. En ce sens, celui qui est pris est livré, car celui qui saisit ne prend que pour donner. Ce sont donc les autres, ceux qui ne paraissent pas être choisis, qui représentent le but ultime de cette élection. Les non-élus fondent le choix et l'envoi de l'élu. Ce faisant, l'appel de Dieu associe des hommes à la réalisation de son dessein sur le monde. Aussi, saint Paul, choisi « dès le sein de ma mère » (Ga 1,15 = Is 49,1), est-il mis à part, mais pour l'Évangile (Rm 1,1). Celui qui est pris se retrouve débordé par la grâce de l'appel et dépassé par la mission à laquelle il est envoyé. Dépossédé de lui-même, conformé au Christ, il est livré au monde (1 Co 4,9). Le pêcheur n'a rien pris, il prendra des hommes. En attendant, c'est lui qui est pris. L'image guerrière du filet (Ha 1,15) où se prennent les ennemis se retourne en désir de se laisser attirer et librement captiver par Celui qui appelle : « Je poursuis ma course pour tâcher de le saisir, ayant été moi-même saisi par le Christ Jésus » (Ph 3,12).

• *Prendre : recevoir et partager*

Nous examinerons dans le chapitre suivant le thème du repas. Pour l'instant, il suffit de retenir l'expression fréquente de « prendre son repas », que nous illustrons par quelques exemples bibliques. Ève s'empare du fruit défendu, elle le ravit (Gn 3,6). Quand Jacob trompe son père Isaac en lui servant les deux chevreaux que sa mère a préparés, le vieil aveugle lui demande comment il a pu si rapidement trouver du gibier et le tuer. Jacob lui répond : « Yahvé, ton Dieu, a tout mis devant moi », reprenant l'ordre de sa mère : « Va me chercher tout ça » (Gn 27,13.20). Ésaü, qui rentre trop tard de la chasse, dit vrai : « Jacob a pris ma place deux fois : une fois en prenant mon droit d'aînesse et maintenant en prenant ma bénédiction » (Gn 27,36). Prendre un repas conduit à prendre place, et il y a ici plus qu'une question de convenance ou de fausse humilité en choisissant la dernière place. Est en cause la relation avec celui qui invite et avec les autres convives, ce que soulignera le Christ (Lc 14,7-11).

La manière dont Jacob s'empare de la bénédiction paternelle l'oblige à s'enfuir. Après un long séjour chez son oncle Laban, il s'enfuit de là avec ses deux femmes, Rachel et Léa. Laban rattrape le fugitif, et leur dispute se termine par l'édification d'un tas de pierres, signe du pacte conclu : « Dieu sera témoin » (Gn 31,50), puis « Jacob sacrifia dans la montagne. Il invita ses frères à manger le pain. Tous ont mangé et passé la nuit dans la montagne » (v. 54). Prendre son repas ne devient un signe d'alliance que si un tiers intervient : Dieu qui garantit le pacte. Il enlève donc à l'acte de « prendre » sa violence. Il n'y a rien à rendre, rien à restituer ; il faut simplement veiller à garder l'alliance. Le danger d'une prise est écarté, la violence ne se redoublera pas.

Ainsi David, fidèle à la promesse faite devant Dieu à Jonathan (1 S 20,42 : « Dieu sera notre lien »), invite à sa table le fils de son ami, Méfiboshet (2 S 9,10). De même, le second livre des Rois se termine par cette phrase au sujet du roi Yoyakin exilé à Babylone : « Pour le restant de sa vie, sa subsistance quotidienne lui est chaque fois offerte par le roi [de Babylone] » (2 R 25,30). Ézéchiel annonce qu'à la restauration d'Israël « le prince, en tant que prince – donc représentant de son peuple –, s'assiéra là (devant la porte est du temple) pour prendre son repas devant Yahvé » (Éz 44,3).

Le repas est une alliance, il n'est pas pris, il est offert. La libéralité qui le caractérise définit le festin comme une alliance : le repas offert par le roi Ézéchias pour la fête des Azymes est un festin populaire qui dure sept jours (2 Ch 30,22). Et c'est à un banquet de noces que convie le roi de la parabole (Lc 14,16 ; Mt 22,2).

Promis au peuple de Dieu, le banquet semble réservé aux seuls élus. Saint Matthieu met dans la bouche du Christ qu'« il n'est pas bien de prendre le pain des enfants pour le jeter aux petits chiens » (Mt 15,26). Mais cette première mission envers Israël (Mt 10,6) annonce l'élargissement au Couchant et au Levant « pour prendre place au festin avec Abraham, Isaac et Jacob » (Mt 8,11). Plus nette encore chez Luc, la distinction est posée entre prendre place et prendre un repas, voire entre prendre et offrir. À un convive qui, mangeant avec lui chez un notable pharisien, s'exclame : « Heureux qui prendra son repas dans le Royaume de Dieu ! » Jésus rétorque : « Un homme donnait un grand dîner... » (Lc 14,15-16). Le don : comme à la multiplication des pains...

La subtile différence entre prendre un repas et prendre place recouvre la distinction fondamentale entre manger seul ou manger sur le dos des autres, et répondre à une invitation. Le rôle déterminant de celui qui invite est ainsi souligné. Nous verrons combien la question de prendre place, donc de répondre à l'appel, est mise en relief par le Nouveau Testament avec celle, corollaire, d'accepter de se placer aux côtés d'invités imprévus ou jugés indignes. Celui qui invite garde l'initiative d'inviter qui il veut, « mauvais et bons » (Mt 22,10) : publicains et prostituées sont les premiers (Mt 21,31). Il s'agit de prendre « le repas que Dieu envoie » (Dn 14,37), donc « avec action de grâces » (1 Tm 4,3).

L'action de grâces – eucharistie – envers Dieu demande de conformer son comportement à celui de Dieu : donc de partager la nourriture (Ac 2,46). Prendre n'est plus un acte de force, mais l'accueil d'un don. Le verbe s'est dépouillé de sa teneur de conquête, pour reconnaître le don proposé.

L'acte de prendre et le pouvoir

Prendre avec des mains trouées interdit de garder pour soi. La possession jalouse devient impossible. On discerne ainsi ce que peut cacher l'acte de prendre : la violence avide pour ne pas manquer, l'emprise possédante, l'acquisition stérile. Le verbe indique une action : sa force peut être brutale, sous de bonnes raisons, « on peut s'y prendre mal » et faire beaucoup souffrir. Quand un être n'a plus la force de prendre quoi que ce soit, c'est que la maladie s'est emparée de lui. Peu importe les bonnes intentions, prendre recèle une part de violence dont la Révélation entend progressivement le purifier. Sous l'action eucharistique faite de paix échangée, ne se cacherait-il pas un traitement de la violence ? Question redoutable...

Elle met en cause le fonctionnement du sacré. Depuis les études de Rudolf Otto (1913), on sait que le sacré se nourrit des forces vitales qui encadrent le monde et fondent la vie. Du tonnerre qui terrifie à la source qui attire, la vitalité insaisissable séduit, fascine et apeure. L'homme apparaît impuissant devant l'ambivalence de la vie. Sans qu'il en connaisse les raisons, la vie se manifeste dans la fragilité d'une croissance. Trop de vie cependant détruit la vie. Un débordement de croissance, tel un cancer, étouffe la vie et conduit à la mort. Mystère de la vie, de la naissance au trépas. L'homme se tient, attentif et craintif, devant des manifestations qu'il domine peu. Il leur donne des noms, il cherche à capter leur puissance. De toute façon, ce sacré intouchable demeure en dehors des emprises et du pouvoir des hommes, anonyme et impérial, jusqu'à ce que les sciences forcent ses secrets et s'emparent de ses vertus. En attendant, est sacré ce qui est tenu pour l'origine de la vie et pour son fondement : le travail, l'amour, la patrie... Il est ce à quoi nul ne peut renoncer sans perdre ses raisons de vivre.

La Bible prend en compte ce sacré en ses manifestations les plus tonitruantes comme en ses mortels enlacements. Mais, progressivement, elle s'en distingue et s'en écarte : avant l'anonymat aux noms multiples des divinités, elle place en premier un Dieu personnel, le Dieu qui fait alliance avec les pères et qui promet fidélité. Aux forces naturelles de l'ouragan et du tremblement de terre, elle substitue le contact apaisant d'un souffle, ce déplacement d'air que provoque une présence (1 R 19,12).

C'est dire qu'à la catégorie du sacré la Bible préfère celle de la sainteté. La sainteté naît d'une séparation, d'une coupure, d'une mise à part. Elle tranche entre des parties conjointes pour passer, tout autre, dans leur écartèlement ; ainsi Abraham, saisi de torpeur, offre un sacrifice au Dieu de l'alliance : Dieu tranche l'alliance (Gn 15,8-18). Il sépare et fend la confusion, mais pour unir plus intimement. Une communion demande de la distance, afin qu'existe chacun et qu'il soit reconnu. Le cordon ombilical est coupé, et toujours par un tiers, médecin ou sage-femme. Yahvé désunit Abraham de sa famille et de sa terre pour lui promettre une autre descendance et un plus large pays. Le Saint est le Tout-Autre, plus autre encore et autrement que nous ne l'imaginons. Il n'est pas l'autre de moi, mon double agrandi ou inversé, ce qui serait encore une image dessinée à partir de moi. Il est autrement que l'autre de moi : il est Lui.

Cependant, la sainteté n'est pas molle, car elle introduit une rupture. « Le règne des Cieux est en proie à la violence, c'est le triomphe des violents » (Mt 11,12). Phrase terrible qui concerne le Royaume. Il prend la suite de Jean-Baptiste, nouvel Élie : « Ils lui ont fait tout ce qu'ils ont voulu » (Mc 9,13), et Jésus ajoute à son propre sujet : « De même, ils feront souffrir le Fils de l'homme » (Mt 17,12). Le Baptiste est bien Élie revenu (Ml 3,23), mais pour préparer la route à plus grand que lui. Le Christ pose une rupture, et même une violente rupture, comme celle qui, chez Daniel, interdit aux royaumes de se continuer par principat héréditaire (Dn 11,4). Des violents se lèvent et trébuchent (Dn 11,14). Jean-Baptiste aussi trébuche sur la conception du Messie. Une violence s'abat sur eux. À cette violence, le Christ ne répond pas coup par coup par une violence correspondante. Il pardonne, ou, plus exactement, il demande au Père de pardonner (Lc 23,34). Il n'utilise pas l'épée contre l'épée (Mt 26,52) ni n'oppose des armées aux soldats (Jn 18,36). Au contraire, « insulté, il ne rendait pas l'insulte, maltraité, il ne menaçait pas » (1 P 2,23). Car Dieu n'est pas seulement puissant et mené par sa puissance. Il est le Tout-Puissant, donc maître de sa force : « Ta force est la source de la justice, et le fait de tout maîtriser te fait tout épargner » (Sg 12,16)[9]. Il se produit ici un retournement de la puissance vitale de la nature : la violence est maîtrisée et convertie en force de rapprochement. L'acte de « prendre » peut recevoir sans s'emparer, accueillir sans accaparer. Le don traverse celui qui le reçoit.

Ce point est d'autant plus important à souligner qu'il existe un lien très fort entre la violence et le pouvoir. Le pouvoir possède la capacité de laisser s'exprimer la violence. Il la canalise, la filtre, la convertit en force créative. Il lui arrive aussi de céder devant sa puissance. C'est peut-être pourquoi le Christ met souvent ses disciples en garde contre la fascination et la violence du pouvoir. À ses apôtres avertis de la passion et qui songent

9. Une réflexion pour distinguer la puissance de la toute-puissance court à travers les siècles. Ainsi, Baudouin de Forde : « Dieu commande à ta puissance » (Traité 5) ; Gilbert de Hoyland : « Tu es tout entier partout pour ce qui est de l'existence, mais pas également en chaque créature quant au déploiement de ton pouvoir. Car même si c'est de tout ton être que tu accomplis tout en tout lieu, tu n'exerces cependant pas partout la totalité de ce qui est en ton pouvoir – bien mieux : cette totalité, tu ne l'exerces nulle part » (*Sermon sur le Cantique des Cantiques,* 3, 4, Oka, 1994, p. 64) ou encore Newman (*Apologia pro vita sua,* Paris, Desclée de Brouwer, 1998, p. 436) citant Shakespeare : « Comme dit le poète : ‹ Il est excellent d'avoir la force d'un géant, mais il est tyrannique d'en user comme un géant › » (Shakespeare, *Mesure pour mesure,* acte II, sc. 2, v. 107-109). Enfin, le p. Paul Beauchamp : « La projection sur Dieu d'une surpuissance en expansion indéfinie défigure cette image. Elle est même son contraire et rejoint un ‹ ne plus pouvoir s'arrêter › qui est bien la forme d'impuissance la plus banale et la plus dangereuse. Or, Dieu nous est montré plus fort que sa force (Sg 12,18) » (*La Loi de Dieu,* Paris, Le Seuil, 1999, p. 64).

déjà au successeur, il prescrit que le premier doit se faire le serviteur (Mt 20,26). Et, au moment de l'institution de l'eucharistie, il leur enjoint de ne pas faire peser leur joug sur les autres, à la manière de princes païens (Lc 22,25) : « Ils font sentir leur pouvoir » (Mc 10,42). Et Jésus de se donner en exemple : « Je suis au milieu de vous comme celui qui sert » (Lc 22,27).

Ces remarques expliquent vraisemblablement la violence des querelles liturgiques. Elles échappent souvent à toute analyse rationnelle et aux examens historiques. Car, sous couvert d'un scrupuleux respect des rites, un groupe cherche à garder la maîtrise de la signification symbolique qu'il possède et qu'il entend imposer aux autres. Le sacré le plus primitif s'y exprime avec peu de retenue. Le prêtre qui préside à la célébration exerce un monopole : s'il est légitime qu'il prenne la place que lui confère son ordination, la tentation est grande que, sous de nobles motifs, il s'attribue le droit de réduire l'assemblée au rôle de figurants qui le regardent célébrer[10]. Sans percevoir la dérive, il glisse subrepticement vers un style de célébration qui s'éloigne du partage évangélique pour se rapprocher de manières liturgiques plus sacrales que chrétiennes. « Je ne célèbre pas sans vous », expliquait saint Jean Chrysostome à des fidèles qu'il pressait de ne pas arriver en retard à l'office. Le pouvoir, même sous des aspects d'humilité, parfois ostentatoire, revient en force. Prise du pouvoir, là où le Maître a lavé les pieds de ses disciples.

Il est impératif de prendre

Sans examiner ici en détail les récits de l'institution de l'eucharistie ni étudier ses liens avec le repas pascal, deux gestes réitérés dans la célébration de la messe vont retenir notre attention.

---

10. À l'opposé de ce qu'écrit saint Jean Chrysostome : « La prière eucharistique est commune, le prêtre n'eucharistie pas seul, mais le peuple avec lui, car il ne la commence qu'après avoir accueilli l'accord des fidèles... Si je vous dis cela, c'est pour que nous apprenions que nous sommes tous un seul corps. Donc, ne nous en remettons pas pour tout aux prêtres, mais nous aussi ayons le souci de l'Église » (saint JEAN CHRYSOSTOME, *Sur 2 Cor* Homélie 18,3).

Le Christ est à table. Le repas de la pâque a été soigneusement préparé. Jésus préside : il est « le Maître (Mt 26,18 ; Mc 14,14 ; Lc 22,11 ; Jn 13,14). Les quatre Évangiles rapportent ce titre qui lui appartient en propre. Il renvoie au rituel de la Pâque inséré dans le récit de la sortie d'Égypte : chaque famille prend un agneau (Ex 12,3), mais le récit précise que c'est « toute l'assemblée de la communauté d'Israël qui l'égorge » (Ex 12,6). On rencontre ici le rapport entre une famille et toute l'assemblée que Matthieu reprendra : « Vous n'avez qu'un Maître et vous êtes tous frères » (Mt 23,8). Symboliquement, le père de famille qui préside le repas pascal renvoie à Dieu même qui fait naître son peuple à travers les deux montants et les linteaux de la porte rougis de sang. Délivrance rapide : les Égyptiens « forcent le peuple à se hâter » (Ex 12,33). Jésus demandera à Judas d'agir rapidement : « Ce qu'il te faut faire, fais-le vite » (Jn 13,27). Hâte d'une naissance qui renvoie à la mort également rapide du crucifié, ce qui étonne Pilate (Mc 15,44).

La célérité de l'action surprend. Aux jours de la fête de Pâque, le nombre d'habitants de Jérusalem quadruplait. Plus une chambre, plus une place n'étaient disponibles. C'est pourtant au matin du premier jour de la fête, « où l'on immolait la pâque » (Mc 14,12), que les disciples s'inquiètent d'un lieu où célébrer la fête (Mt 26,17 ; Mc 14,12). On sait comment ils trouvent « une grande pièce, garnie de coussins, toute prête » (Mc 14,15), comme sera prêt le tombeau « taillé dans le roc, où personne encore n'avait été mis » (Lc 23,53) [11].

Tout est prêt pour le festin (Mt 22,4), pour une place laissée libre, vacante. Le rythme s'accélère. Jésus, qui affirme : « J'ai désiré ardemment manger cette pâque avec vous avant de souffrir » (Lc 22,15), a laissé apparemment toute l'initiative à ses

---

11. « Pour le Seigneur, le tombeau et le sein maternel ont été vierges. Je dirais même que le tombeau a été un sein. Entre les deux, la ressemblance est significative : comme le Seigneur est sorti vivant du ventre de sa mère, vivant il est sorti du tombeau de Joseph ; comme il est d'abord sorti de ce sein pour prêcher l'Évangile, c'est pour évangéliser qu'il est ensuite ressuscité du tombeau » (MAXIME DE TURIN, *Sermon 30, 4,* Paris, Migne, 1996, p. 139).

disciples et le soin de préparer la salle à un homme dont on sait seulement qu'il portait une cruche d'eau (Lc 22,10). Tout s'organise autour de lui : les disciples prennent l'initiative de la question, un inconnu a pris soin de préparer une salle, Judas et les autorités ont pris leurs dispositions. Tout est prêt, il ne reste plus que Jésus à prendre. L'heure est venue.

Deux lignes s'entrecroisent, celle des préparatifs rapides du repas de pâque et celle de la longue attente des adversaires du Christ, qui guettent une occasion favorable pour s'emparer de Jésus (Mt 26,4), n'ayant pas réussi à le prendre en défaut sur quelque parole (Lc 20,20). Au point d'intersection, reste ouverte la place de Jésus. Dans cet imbroglio, où et comment va-t-il se situer ? Il annonce, deux jours avant la Pâque, qu'il sera livré (Mt 26,2), manifestant ainsi une souveraine liberté.

Le voici donc avec les siens pour le repas. La mémoire de l'acte créateur par lequel Dieu délivre son peuple domine le rituel de la fête. Il revient au président de prendre le pain, de le bénir et de le partager, puis de prendre la dernière coupe, de la bénir et de la faire circuler. Jésus accomplit les gestes prescrits.

Mais aux rites prévus et attendus, il ajoute une injonction : « Prenez. » Cela allait de soi : tendre un morceau de pain indique qu'il doit être pris. Or, il s'agit de bien plus : « Ceci est mon corps » (Mt 26,26). C'est en fonction de ce corps que le verbe « prendre » acquiert une signification profonde. Les disciples (les « Douze » : Mt 26,20) entourent le corps que cernera bientôt un autre entourage et sur lequel se porteront d'autres mains. Leur acte de prendre annonce ce que le Christ va subir librement. De même que leurs préparatifs avaient organisé le repas pour que soit rituellement célébrée la Pâque, ainsi, en prenant ce que le Christ leur donne, ils reçoivent en leurs mains ce que prendront d'autres mains. Et, comme le Christ occupe la position qui croise tant de calculs méchants et la pieuse fidélité des disciples, il garde l'initiative du président et la liberté de l'agneau qui se rend volontairement aux frères qui le tueront. Telle est l'heure pour laquelle il est venu (Jn 13,27).

Il s'agit d'un impératif: lui seul peut le prononcer puisqu'il est personnellement en cause. Il est le don du Père aux hommes (Jn 3,16). Accomplissant la volonté du Père, il devient sujet du don qu'il est. Il est acteur, avec le Père, de l'acte existentiel de donner sa vie. Les Béatitudes révélaient sa joie personnelle d'être l'Envoyé du Père. En disant: « Prenez », il effectue réellement ce dont parlaient les Béatitudes. Il est lui-même Don.

Cet impératif s'adresse aux disciples. Ils ne prennent pas d'eux-mêmes, ils ne ravissent rien. Il s'agit d'une grâce dont le Christ est la source. Ainsi se présente-t-il majestueusement aux soldats venus l'arrêter: « C'est moi » (Jn 18,5). Il garde l'initiative du don qu'il fait et qu'il est. En ordonnant de prendre, il gère la violence et ses appétits. Les disciples ne prennent que parce que Jésus le leur dit. Et ce qu'ils prennent, c'est son corps, lui-même en train de se donner. Ils annoncent la capture du Christ, et, en même temps, leur geste représente le contraire d'une capture: une offrande aimante.

Le président du repas se donne à chacun. La personne unique qui officie pénètre au cœur des convives. Le président instaure une fraternité nouvelle, puisqu'il se veut lui en eux. Saint Matthieu, qui rappelle aux disciples qu'ils sont tous frères[12], ajoute immédiatement: « Vous n'avez qu'un Père, le Père céleste » (Mt 23,9). Le Christ se présente donc comme le médiateur. D'un côté, il est plus que l'un pour tous, il devient l'un avec tous et en tous. Il fait plus que faire participer ses disciples au repas qu'il célèbre, il vient en eux pour être pris et pour faire corps avec eux. La prise de corps n'est pas une contrainte, mais une communion. D'un autre côté, la pâque fête l'intervention

12. « Le Fils de Dieu aussi, vérité et sagesse de Dieu, enseigne ceux qui participent à lui non pas avec une méthode qu'il appliquerait à une discipline, mais avec sa nature. C'est ce qui fait que les disciples reçoivent l'instruction de n'appeler maître que lui seul » (Didyme l'Aveugle, *Traité du Saint-Esprit*, Paris, Cerf, 1992, p. 142).

divine qui constitue son peuple : « Vous serez mon peuple et je serai votre Dieu. » La fraternité inaugurée par le Christ renvoie au Père des cieux. Moïse avait demandé de faire la pâque en mémoire de l'action de Dieu lors de l'Exode. Le Christ va demander de faire mémoire de lui. Il indique par là qu'il se situe du côté de Dieu, en Dieu.

De la sorte, le Christ se tient comme celui qui unit les disciples en un seul corps. Il les prend en un même corps. Et il se place avec le Père : « Le Père et moi, nous sommes un » (Jn 10,30). C'est au Père qu'il se remet en expirant (Lc 23,46). Le verbe « prendre », à l'impératif, sonne comme le mot de Celui qui part. Il va sortir au jardin de l'agonie, surtout il sort pour passer au Père (Jn 13,1). Ce « prenez » s'inscrit donc entre deux autres verbes : se remettre au Père et se donner aux disciples. Étonnamment, ce verbe n'indique plus la prise, la saisie, mais la démise de soi-même. Il est le mot de départ, donc de l'envoi. C'est comme Envoyé venu du Père dans le monde que le Christ se laisse prendre par ses disciples pour les envoyer et les donner au monde. En se consacrant, il les consacre en lui (Jn 17,19).

Un indice montre, ce qu'on sait par ailleurs, que les récits de l'institution ont été rédigés en se basant sur la façon dont la célébration eucharistique était vécue dans les diverses communautés. « Prenez » n'est indiqué que pour le pain par Matthieu et Marc, qui font suivre le pain et le vin. Ni Luc ni Paul ne disent : « Prenez », et ils renvoient la coupe à la fin du repas, selon le rituel de la Pâque. La liturgie de Matthieu et de Marc témoigne de l'état de la célébration chrétienne. Si elle insiste deux fois sur « Prenez et mangez », « Prenez et buvez », c'est parce que, loin d'une copie théâtrale, celui qui prend est lui-même saisi par le Christ pour faire corps[13].

13. « Cette nourriture, non du corps mais de l'âme, non de la chair mais du cœur, n'est pas incorporée lorsqu'elle est mangée, mais elle incorpore. Pour les autres nourritures, ce qui est mangé est incorporé, celui qui mange incorpore. Pour cette nourriture, celui qui mange dignement est incorporé » (Jacques DE VITRY *Histoire occidentale,* Paris, Cerf, 1997, p. 289).

2

« Mangez... »

« Veux-tu manger ta bouillie ! » dit la mère à son petit. « Tenez, mon brave, mangez donc ! » dit l'homme généreux en tendant un sandwich au mendiant. « Mais il faut manger ! » affirme l'infirmière à un malade. L'enfant, le miséreux, le malade : trois catégories de personnes qui ne peuvent gagner leur nourriture normalement. Elles vivent en état de dépendance. Leur nourriture, elles la reçoivent d'un autre et ne peuvent rien offrir en retour, si ce n'est un sourire, un « merci » parfois humiliant. Un adulte est gêné quand son état nécessite de le faire manger.

Le désert affame. Sa stérilité n'offre rien à manger. Pendant l'Exode, le peuple à peine libéré préfère, à l'espace que Dieu ouvre devant lui, le retour au pays de l'esclavage. La communauté grogne : « Si seulement on nous avait donné de mourir par la main de Yahvé au pays d'Égypte, quand nous étions assis près des jarres de viande, quand nous avions à satiété du pain à manger ! C'est pour que toute cette assemblée meure de faim que vous nous avez fait sortir dans ce désert ! » (Ex 16,3).

Dans un autre désert, beaucoup plus tard, Jésus aussi eut faim. « Ordonne, suggère le tentateur, que ces pierres se changent en pain » (Mt 4,3). Car, selon l'invective de Jean-Baptiste, « Dieu peut, des pierres que voici, faire surgir des enfants à Abraham » (Mt 3,9). Isaïe contemplait : « Regardez le rocher où je vous ai sculptés... regardez Abraham votre père » (Is 51,1-2). Alors, pourquoi ne pas tirer du pain de ces pierres, là même où un grain de blé jeté en terre surgira au matin du Jour pascal en arbre de vie? Parce que « l'homme ne vit pas seulement de pain, mais de toute parole qui sort de la bouche de Dieu » (Mt 4,4 = Dt 8,3).

Le pain et la parole : deux nourritures essentielles. L'enfant à qui l'on sert de la nourriture sans lui parler maigrit ou devient boulimique par faim de l'aliment de la parole. Le mendiant qui reçoit à manger sans que nul ne lui parle se sent avili : « On n'est pas des chiens. » Le malade, l'invalide à qui on présente un plat sans dialoguer avec eux se laissent dépérir : la vie n'a plus de goût.

Gagner son pain à la sueur de son front (Gn 3,19) représente aussi la fierté de l'adulte. Il a bien mérité son pain. Il est le sien, fruit de son intelligence, de son labeur, de ses mains. La peine sort des « épines et chardons » (Gn 3,18) qui infestent la terre. Étonnants rapprochements : les pierres et les épines, nous les retrouverons dans la parabole du semeur (Mt 13,5-7) !

La dure loi du travail, torture et accouchement, s'impose à l'homme avec la nécessité de manger pour vivre. Le pain coûte cher, il coûte chair.

Un chef-d'œuvre à restaurer

Son bien le plus précieux, sa vie, l'homme n'en est ni en la source ni le terme. Son origine découle de ses parents. Source limpide de l'amour ou source boueuse des hasards, l'histoire mêle les flux. Profondément désiré, l'enfant reçoit un courant génétique d'au-delà de ses parents. Né d'une rencontre accidentelle, il peut hériter d'un accueil vivifiant. Tout arrive au départ, et de très loin. Rien n'est complètement joué. Une histoire est donnée, à vivre, pour qu'on en devienne, le mieux possible, responsable. L'homme naît plongé dans le « on » du milieu qui l'entoure. Il apprendra à dire « je ». Il naît au monde parmi tant d'autres, afin de naître à lui-même.

Le terme aussi lui échappe, par accident, par maladie, par vieillesse. La vie coule entre ses doigts, inexorablement. Il en sera dessaisi. La mort n'a pas d'âge.

Entre les passages que sont la naissance et le trépas, cette vie unique ne possède même pas en elle de quoi se maintenir. Il lui faut recevoir ou quérir ailleurs qu'en elle-même de quoi se développer. Un manque radical, une faiblesse existentielle frappent l'humanité. Ils la rendent dépendante des lieux et des circuits où sont produits les nourritures. Ils lui confèrent aussi la dignité d'assurer sa subsistance. Trouver sa nourriture motive jusqu'à l'essentiel des énergies et des astuces de l'intelligence : cueillette, pêche, chasse, agriculture, commerce... La famine continue à hanter l'esprit de millions de personnes. Depuis le milieu du XIXe siècle, les habitants des pays occidentaux, paraît-il, ne font plus de cauchemars à propos de la famine. La faim a déserté leurs rêves. Du moins la faim de pain :

> « Voici venir des jours – oracle du Seigneur Yahvé –
> où j'envoie une faim sur la terre :
> non pas une faim de pain, non pas une soif d'eau,
> mais une soif et une faim d'entendre les paroles de Yahvé »
> (Am 8,11).

Nous sommes présentement entre les deux faims dont parle le prophète Amos. En effet, les Occidentaux n'ont faim ni de pain ni de la parole de Dieu. Ils sont obèses à force de trop manger, de mal se nourrir, et sont repus de bavardages inessentiels. Il leur faudrait jeûner et redécouvrir la faim. Là encore – c'est à noter –, le pain et la parole vont ensemble.

Donner à manger à quelqu'un signifie : « Je veux que tu vives. » Dès la Genèse, Dieu indique à l'homme une nourriture végétarienne (Gn 1,29). Après la recréation du déluge, Dieu permet à l'homme de manger de la viande, mais pas de consommer le sang (Gn 9,3-4). La terre existe pour que vive l'homme, chaque homme. Elle fournit la base de sa nourriture. C'est pourquoi, priver une part de la population de la nourriture nécessaire, lui en interdire l'accès, accaparer les stocks, spéculer et fixer des prix inaccessibles aux pauvres sont, pour la Bible, autant de crimes contre l'humanité :

> « N'ont-ils donc rien compris, ces gens qui font le mal ? Quand ils mangent leur pain, c'est mon peuple qu'ils mangent » (Ps 53,5).

Un monde de prédateurs où tout serait à prendre est un monde inhumain.

Donner à manger revient toujours, d'une manière ou d'une autre, à prendre ce qu'on avait gardé pour soi afin qu'un autre en profite. Je le reconnais aussi digne que moi d'exister. Il est un partenaire de la vie. Qu'il me soit relié ou non, connu ou non. Du simple fait de son appartenance à l'humanité, il a le droit de se nourrir. Laisser une personne périr de faim est plus que la blesser : cette négligence diminue en moi la largeur de ma compréhension du monde humain. Accaparer mutile.

Il s'agit bien de manger, non pas de téter ni de sucer. Un acte adulte. Par une sorte de superstition naïve, les communiants devaient, autrefois, avaler une hostie diaphane sans la toucher de leurs dents par crainte que quelque miette ne s'incruste entre elles. Le « pain eucharistique » était si peu semblable à du pain que, même avant la consécration, il fallait une conviction assurée pour y trouver une ressemblance avec la nourriture normale ! La piété avait édulcoré la réalité. Il s'agit pourtant de manger comme un grand, « tout seul », donc de prendre conscience que l'action de manger concerne ici mon individualité la plus concrète, celle qui doit se nourrir pour vivre. Question de vie ou de mort. Et comment la saisir si ce qui est donné n'a aucune consistance ? La vérité anthropologique appartient à la signification du sacrement.

L'homme est donc un chef-d'œuvre en péril. Il a besoin de restauration, au double sens du mot, comme on restaure une statue abîmée et comme on mange au restaurant. À ceci près que l'important se passe par l'intérieur : un affamé qui se restaure n'est plus le même homme, il a refait ses forces.

En outre, l'homme ne mange pas simplement en prenant de la nourriture. Le plus souvent, il prend un repas, et un repas est beaucoup plus que le fait de se restaurer. Un jeune qui avait longtemps galéré disait fort justement : « En ce temps-là, je bouffais, je ne mangeais pas. » Il lui fallait se cacher pour avaler rapidement une nourriture trouvée ici ou là et que d'autres auraient pu lui ravir. Manger en cachette, comme un malade, laisse un goût amer. Les anciens rois mangeaient en public afin de montrer leur bonne santé, gage de prospérité pour leurs sujets. S'isoler pour manger émane de l'avarice ou de la peur d'être empoisonné : la confiance est morte. Ayant vécu parmi une des populations les plus pauvres du monde, un jour où le ravitaillement n'était pas arrivé et où plus de deux cents personnes attendaient à la porte un peu de nourriture, mon adjoint et moi nous nous sommes cachés pour manger le morceau de pain qui restait. Il fallait bien refaire ses forces ! Il n'empêche, c'était le pain de l'amertume...

Ce n'est pas pour rien que les quatre récits de l'institution eucharistique précisent : le soir venu (Matthieu, Marc), l'heure venue (Luc), la nuit tombée (Paul), Jésus se mit à table (Matthieu, Marc) pour un repas (Luc, Paul) mangé avec ses disciples (Marc). L'eucharistie est instituée au cours d'un repas : « Il se mit à table, et ses apôtres avec lui » (Lc 22,14). Saint Marc est plus explicite encore : « Eux mangeant, il prit du pain... leur donna » (Mc 14,22). Un autre repas dans le repas préparé ; Jésus introduit une rupture, il hausse la convivialité à un niveau imprévu. Il invite les siens à un autre banquet ; la Pâque est achevée, il n'en mangera plus (Lc 22,16). Donc il jeûne, se livrant déjà pour un autre exode, ainsi qu'il nomme son passage (Lc 9,31).

Un repas demande un rituel : une heure fixée, un lieu, un ordonnancement des plats. On dresse la table ou ce qui en tient lieu ; les places sont fixées, sinon chacun se demande s'il peut prendre une place. Les convives sont prévus, invités ou accueillis en passant. Le repas exprime une culture, le lent et beau travail par lequel la nature humaine se manifeste par la culture, au point que, concrètement, l'accès à la nature est devenu un fait culturel.

Il s'agit de prendre sa nourriture, mais pas de la consommer seul. Trop d'activités consomment l'homme en tant qu'électeur à séduire, de recrue à enrôler ou de moyen de production. Le repas incite au partage : pour un temps, il isole de la concurrence. Chaque vie y devient aussi précieuse qu'une autre. D'où l'importance de la parole qui invite. Elle convoque des personnes à vivre ensemble, donc à se reconnaître mutuellement participants d'une même vie, avec ses joies et ses douleurs. Avec ses espoirs aussi, puisque se restaurer prépare demain. Tout repas est alliance et promesse.

Vivre dans l'immédiat, faire du repas un « repas d'affaires » empêchent d'accéder à la dimension symbolique du partage, au profit d'un bienfait utilitaire immédiat. C'est pourquoi l'Église, tout en reconnaissant la validité de la piété eucharistique, redoute qu'elle ne replie le fidèle sur une satisfaction individualiste. Un repas d'affaires représente un signe où chaque partenaire cherche une entente utile. Le banquet rassemble des convives, mot admirable puisqu'il s'agit de vivre ensemble. Le symbole se lève en réunissant l'instant présent du repas partagé et l'immensité des promesses de vivre. C'est un pacte de fidélité. Aussi, toute dévotion eucharistique découle-t-elle de la messe.

Loin d'exécuter des signes, la communauté se tient en médiatrice. Elle fait passer du signe au symbole, d'un repas à consommer pour ses intérêts, à un monde d'humanité pour l'échange et l'espérance. Elle rétrécit considérablement cette perspective, cette jeune fille qui s'écriait : « La messe, pour moi, c'est le moyen de communier ! » Elle avait raison, cette vieille femme clouée au lit par la maladie qui, après avoir suivi la messe à la télévision, avouait : « Il me manque quelque chose. – Quoi donc ? – Les autres. »

Passer du signe au symbole constitue un acte de conversion, de démise de soi afin de faire corps. Cette démarche revient vers l'origine (« la nuit où il fut livré ») pour s'ouvrir à la venue du Ressuscité ; elle s'offre au Royaume. La réflexion sur l'eucharistie ne saurait faire l'économie de ce décentrement de soi, car les discours restent inefficaces sans cette conversion qui nous amène à faire corps. On ne saurait donc séparer le repas célébré en mémoire du Seigneur des affamés à nourrir et des pieds à laver. Quand saint Paul critique les Corinthiens au sujet de leurs célébrations, il leur reproche de diviser l'Église en riches et pauvres, à la manière du monde : « L'un a faim, l'autre est ivre » (1 Co 11,21). Cette façon « indigne » de se réunir (v. 27) ne discerne pas le Corps du Christ, c'est-à-dire son Église (v. 29), dont l'Apôtre parle juste après.

Le chef-d'œuvre à restaurer est bien l'entière humanité, pour qu'advienne la terre nouvelle. C'est en fait ce qu'annoncent les repas bibliques.

Une Bible de repas

La nourriture et les repas sont fréquemment évoqués par la Bible, pour deux raisons qui tiennent à l'humanité. Dieu parle à l'homme par ce qui constitue l'homme. À celui-ci, il faut de la nourriture et de la convivialité, le dialogue et l'échange. Le sujet est très souvent étudié et fort bien. Je m'en tiendrai donc à quelques éléments essentiels pour avancer dans la compréhension de l'eucharistie.

L'impossible nourriture : Adam

Le premier acte concerne évidemment Adam et Ève. Pour mieux saisir la figure d'Adam, seul maître du jardin d'Éden, il s'avère utile de se référer à la figure de Salomon, sur lequel les textes jettent un jugement fort nuancé. Salomon, né de

Bethsabée après la mort du premier fils qu'elle eut de David, fut « Yedidya – Aimé de Yahvé » (2 S 12,25). Il règne sans partage sur un royaume agrandi et pacifié. Il écarte rudement les opposants : « C'est ainsi que la royauté fut affermie dans la main de Salomon » (1 R 2,46). Ensuite, il organise son territoire, planifie un commerce international, nomme des préfets. Sa sagesse (3000 proverbes, 1005 chants) le fait parler des arbres, des quadrupèdes, des oiseaux, des reptiles et des poissons (1 R 5,12-13). Sa table était à la dimension de son prestige : « par jour : 30 kors [= 13 500 litres] de semoule, 60 kors [= 27 000 litres] de farine, 10 bœufs gras, 20 bœufs de pâturage, 400 moutons, plus des cerfs, des gazelles, des chevreuils et des oies grasses » (1 R 5,2-3). Il mangeait dans de la vaisselle d'or. Mais ses femmes (700 épouses de rang princier et 300 concubines) l'amènent à sacrifier à leurs idoles, et le roi les suit dans leurs rites qui comprennent des repas sacrés. Le résultat conduit à la violence qui éclate à sa mort et qui déchire son royaume. Cette paix de repu conduit à l'agressivité. « Tu as, écrit le Siracide (Si 47,19-20), livré tes flancs aux femmes, tu as été asservi dans ton corps... au point d'amener la colère sur tes enfants. »

En ce qui concerne Adam, lui aussi règne seul sur un territoire dont les voisins regorgent d'or et de richesses (Gn 2,11-12). Il nomme « tout bétail, tout oiseau du ciel, toute bête des champs ». Cet empire se paie de solitude. Alors, Dieu lui présente Ève. Auparavant, le Seigneur fait pousser dans le jardin les arbres dont l'homme se nourrira. Le danger de cette abondance et de cette maîtrise apparaît aussitôt : celui de s'assimiler à ce qu'on domine et dévore, donc de se confondre avec les choses et en elles, de se mirer et de s'admirer dans ces objets qui sont au service exclusif de l'homme. Et de devenir un objet parmi des objets en se fabriquant ces fausses images que sont les idoles : « Ceux qui les font leur ressemblent, et ceux qui s'appuient sur elles » (Ps 115,8).

Dieu indique alors un arbre, l'arbre de vie, dont Adam ne doit pas ingurgiter le fruit. Le thème de l'arbre de vie est commun dans l'ancien Orient. Il est réputé fournir le fruit d'immortalité dont se nourrissent les dieux immortels. Dans la légende mésopotamienne de Gilgamesh, celui-ci parcourt la terre et la mer afin de trouver le fruit merveilleux qui arrachera son ami du tombeau. Mais vainement. À ce premier arbre est adjoint l'arbre de la connaissance du bonheur et du malheur : ce thème, qu'on retrouve dans les courants sapientiaux, déjà présent dans le Deutéronome (« Vois : je mets aujourd'hui devant toi la vie et le bonheur, la mort et le malheur » : Dt 30,15), considère la sagesse comme l'arbre véritable de la vie (Pr 3,18). La sagesse authentique, c'est Dieu qui la donne par sa parole et sa promesse, par son alliance et sa présence.

Adam et Ève se trouvent devant le dilemme radical, celui de tout humain : faut-il compter sur ses seules forces, sur sa capacité à ravir des proies, pour s'assurer, seuls dans la complicité, de parvenir à vivre véritablement ? Ou faut-il se confier à un Autre qui, en posant un interdit, place la différence comme condition de la confiance et de l'alliance ? L'arbre sépare, inaccessible. Son fruit indique la parole qui traverse l'espace sans confondre les interlocuteurs. S'en emparer serait violence. Déjà, Adam assimile sa femme à ses os, à sa chair. Caïn, leur aîné, connaîtra le goût amer de la haine engendrée par la jalousie envers son frère.

Comment vivre sans avoir tout, donc sans dépasser la condition habituelle de l'homme ? C'est-à-dire : quelle nourriture fera de l'homme un surhomme, enivré de toute-puissance mais aussi confondu avec son environnement qu'un enfant rêvant de tout pouvoir sur les choses auxquelles il se mêle ? Ève regarde : l'arbre est bon à manger, comme la Sagesse (« Du fruit de ses paroles, chacun tire une bonne nourriture » : Pr 13,2), séduisant à regarder, précieux pour discerner avec clairvoyance (« Il y a un trésor précieux et de l'opulence chez le sage » : Pr 21,20).

Alors, Ève s'empare du fruit, elle le prend et le partage avec Adam, *son complice.* Elle considère comme une *proie* la nourriture qui l'égalerait à Dieu en supprimant la distance, la différence d'avec l'Autre. Son appétit de vivre dévore l'autre. Et les yeux à tous les deux s'ouvrent (Gn 3,7). Étonnante remarque qu'on retrouve plus loin dans la Bible : Jonathan, le fils de Saül, refait ses forces en mangeant un peu de miel. Son père avait interdit toute nourriture sous peine de mort. Jonathan l'ignorait ; il se restaure et son regard s'éclaircit (1 S 14,27). Mais que voient donc Adam et Ève, sinon leur nudité, leur faiblesse à saisir la place de Dieu, à s'emparer de l'Autre ? Manger les ramène à leur réalité. Ce n'est donc pas dans ce que prend l'homme que se trouve le chemin de la vraie vie. Saint Augustin l'exprimait ainsi à propos d'Adam : « Refusant de devenir semblable à Dieu par Dieu, mais voulant par lui-même être ce qu'est Dieu » *(La Trinité,* X, v. 7*)*. Les Pères de l'Église distinguent soigneusement le désir de l'homme de rejoindre Dieu et le moyen pris par Adam et Ève pour y arriver par le rapt.

En effet, les Pères, depuis Irénée de Lyon, ne cessent de dire que le Christ « s'est fait homme pour que l'homme devienne Dieu ». Par deux fois au moins, le Nouveau Testament insiste sur la nécessité pour l'homme de choisir une autre voie que celle empruntée par Adam et Ève. La très ancienne prière conservée par l'épître aux Philippiens souligne que le Christ, bien que différent des hommes par sa qualité de Fils de Dieu, « n'a pas gardé comme une proie le rang qui l'égalait à Dieu » (Ph 2,6). Il est entré dans la logique du don. De même, le Notre-Père, par cette demande si difficile à traduire, « ne nous soumets pas à la tentation » (Mt 6,13), ne vise pas le domaine moral comme le fait l'épître de Jacques (Jc 1,13), mais bien davantage l'attitude existentielle de convoiter la place de Dieu, de se prendre pour lui, d'occuper sa position (la seule intéressante pour un être fragile), donc, sous couvert de piété et pour de « bonnes raisons », de se poser en oracle précieux et divin. Telle est la séduction de s'idolâtrer.

Il reste que la question décisive en cause concerne l'essentiel de l'humanité. L'eucharistie est une question de vie ou de mort. Un affrontement au plus décisif de l'être. En ce point extrême où la vie elle-même est en jeu, avec ses choix et ses raisons, avec ses espérances et ses logiques, l'homme joue son existence et les exigences qui la font tenir. Qu'est-ce que vivre ? Aucun subterfuge, même pieux, ne saurait esquiver une telle radicalité. Autrement dit : quelle nourriture fait mieux que restaurer l'homme ? Quelle nourriture l'*instaure* en son authenticité ?

Un pain d'épreuve : la manne

La manne également – autre nourriture célèbre – est une question de vie et de mort, mais en plus compliqué que le fruit de l'arbre. La tentation au jardin d'Éden est dramatique, mais simple en sa radicalité : se nourrir seul ou vivre avec un autre. La manne se présente si complexe que même les traditions du Livre ne concordent pas.

La rédaction finale du livre de l'Exode, dès la fin de la traversée de la mer Rouge et l'hymne guerrier de Miryam, enchaîne les difficultés. Elles commencent avec l'eau amère de Mara que purifie le bois d'un arbre. Dieu donne « des lois et des coutumes » (Ex 15,25b) dont il ne reste rien. Aussitôt, « c'est là qu'Il les mit à l'épreuve » (v. 25c), celle de savoir si le peuple va bien entendre la voix du Seigneur et la suivre (voir Ps 95). Peu après, dans le désert de Sîn, le peuple murmure et adresse trois reproches à Moïse et à Aaron (Ex 16,3) :

> Ah ! Si nous étions morts de la main du Seigneur au pays d'Égypte.
>
> Quand nous étions assis près du chaudron de viande, quand nous mangions du pain à satiété.
>
> Vous [Moïse et Aaron] nous avez fait sortir dans ce désert pour laisser mourir de faim toute cette assemblée.

Il ressort de ces récriminations que la mission de Moïse et d'Aaron, suspectés de mauvais dessein, est disjointe de l'action de Dieu qui, en Égypte, avait promis la liberté. Une fois tiré de l'esclavage, le peuple rêve d'y retourner. Sa route est jalonnée de violentes aspirations à revenir en arrière. Il oublie les menaces de mort des Égyptiens (Ex 5,21).

L'autre point concerne la nourriture: du pain et de la viande. Dieu répond à Moïse, validant ainsi sa mission: il fera pleuvoir du haut du ciel du pain (Ex 16,4) au petit matin, et le soir de la viande (Ex 16,8). Arrêtons-nous au pain: la manne. Le texte insiste sur le fait que, le sabbat, la manne ne tombe pas, incitant ainsi les Israélites à respecter le repos de ce jour. La veille, cependant, la récolte double: « Ils en recueillaient matin après matin, autant que chacun pouvait en manger. Quand le soleil chauffait, cela fondait » (Ex 16,21).

« Cela » fond à la chaleur, « ce que c'est » (Ex 16,15): cette chose inconnue tombe du ciel et se ramasse par terre en proportion des besoins de chacun. Sans partage, donc une aumône. À partir de ce constat s'établissent deux traditions parallèles. Pour les tribus qui n'avaient pas participé à l'Exode et qui ignorent la manne, ce pain est une pure merveille:

« Pour les nourrir, il fit pleuvoir la manne,
il leur donna le blé des cieux:
chacun mangea le pain des Forts (= les anges),
il leur envoya des vivres à satiété (Ps 78,24-25). »

Ce « pain du ciel » (Né 9,15) est une « nourriture des anges, un pain venu du ciel, sans effort de sa part, un pain tout préparé » (Sg 16,20). D'après une tradition juive tardive, la manne possède tous les goûts que chacun aime trouver. L'expression passera dans la liturgie du Saint-Sacrement. Finalement, saint Paul y voit « un aliment spirituel » (1 Co 10,3). C'est pourquoi Moïse fit placer un omer (4,5 litres) dans la tente de réunion « en réserve pour nos descendants, afin qu'ils voient le pain dont je vous ai nourris au désert » (Ex 16,32).

À l'inverse, pour les tribus qui avaient connu l'Exode, dont la tradition se trouve dans le livre des Nombres, la manne les lasse à en pleurer: « Plus que de la manne! » On est loin du poisson, des concombres, des pastèques, des poireaux, des oignons et de l'ail d'Égypte (Nb 11,5-6). « Nous sommes dégoûtés de ce pain de misère » (Nb 21,5). On comprend avec quelle joie, dès leur entrée dans la Terre promise, « ils mangèrent des produits du pays... des pains sans levain et des épis grillés... et la manne cessa » (Jos 5,11-12).

Comment interpréter cette apparente contradiction sur le sens de la manne ? L'Évangile de Jean déclare sans ambages que ce pain n'a pas empêché la mort de prendre les pères (Jn 6,49). La veille de ce débat à Capharnaüm, Jésus avait multiplié les pains, et le peuple voulait le prendre pour roi. Le lendemain, Jésus, clairvoyant, déclare aux assistants qu'ils le cherchent parce qu'il les a rassasiés (Jn 6,26). Il les exhorte à travailler aux œuvres de Dieu, c'est-à-dire à « croire en celui qu'il a envoyé » (Jn 6,29). Les auditeurs comprennent bien que Jésus parle de lui-même. Le signe de la multiplication des pains ne leur suffit pas. Il leur faut un signe encore plus vaste, et ils avancent : « Nos pères ont mangé la manne au désert, ainsi qu'il est écrit : ‹ Il leur a donné à manger un pain venu du ciel › » (Jn 6,31 = Ps 78,24). La réponse de Jésus oppose le pain venu par Moïse au pain de Dieu qui donne la vie non à une seule communauté, mais au monde (Jn 6,33). Ils demandent alors : « Seigneur, donne-le-nous toujours, ce pain-là. » Et Jésus : « Je suis le pain de vie » (Jn 6,35).

La manne est ainsi dépassée. Ce surpassement est décrit dans les lettres de saint Paul. En effet, connaissant les textes non bibliques, l'Apôtre se réfère à des commentaires qu'il utilise en vue du Christ, faisant le lien entre la figure qui, depuis hier, annonce ce qui vient et la réalité donnée par le Christ. Les Anciens ont été baptisés « en Moïse, dans la nuée et dans la mer », les Corinthiens le sont dans la mort et la résurrection du Christ ; les pères ont mangé la manne et bu « à un rocher spirituel qui les accompagnait » (1 Co 10,2-4). Or, c'est le Christ qui est ici en vue, comme réalité ultime.

Sans doute est-ce ce même dépassement qui sous-tend le récit de la première tentation du Christ au désert, après 40 jours de jeûne. Il est suggéré à Jésus que, des pierres ramassées à terre, il fasse du pain par une puissance venue du ciel. À quoi il rétorque un passage résumé du Deutéronome. En sa totalité, le voici: « Tu te souviendras de toute la route que le Seigneur ton Dieu t'a fait parcourir depuis quarante ans dans le désert, afin de te mettre dans la pauvreté; ainsi, il t'éprouvait pour connaître ce qu'il y avait dans ton cœur et pour savoir si tu allais, oui ou non, observer ses commandements [1]. Il t'a mis dans la pauvreté, il t'a fait avoir faim et il t'a donné à manger la manne que ni toi ni tes pères ne connaissiez, pour te faire connaître que l'homme ne vit pas seulement de pain, mais de tout ce qui sort de la bouche du Seigneur » (Dt 8,2-3).

Nous y voilà donc! Que la manne soit une figure de l'eucharistie retentit chez tous les bons auteurs. Le Christ paraît plus réservé. Le problème, en fait, consiste à savoir en quoi et comment elle est une figure, ce qui la relie et ce qui l'éloigne du véritable Pain du ciel. Revenir à Adam et Ève est éclairant: ils ont agi comme des riches, voulant tout avoir. Être rassasié est une habitude de riche qui n'a jamais faim. Le jeune homme, en saint Matthieu (Mt 19,16-22), possède de grands biens, il obéit à tous les commandements. Depuis son enfance, il a tout fait. Il étouffait. Il avait besoin d'air, d'espace, de vide. Mais il a peur: il sait bien qu'obéir à la loi fait vivre. Quelle angoisse, quelle dérobade de ses assurances le font douter d'une vie éternelle promise à sa bienséance, pour qu'il demande comment l'avoir, elle aussi, et non l'accueillir? Avoir et tenir comme un agonisant crispe ses doigts sur la couverture qu'il remonte pour atténuer le froid. Sa peur de manquer est plus grande que sa tristesse. Sa hantise du vide plus forte que la crainte de l'au-delà. Alors, il garde. Et perd.

Adam et Ève ont agi en captateurs envers le paradis, son peuplement, ses richesses, et s'identifient à Dieu. Vieille tentation

1. « La manne représente la tentation: par elle, en effet, le peuple est éprouvé pour savoir s'il obéira à Dieu, c'est-à-dire s'il sera digne de manger le vrai pain du ciel » (Hilaire de Poitiers, *Traité des Mystères*, Paris, Cerf, S.C. 19, p. 137).

des royaumes et de leurs richesses (Mt 4,9). Ils ont une conduite fusionnelle. Mais il existe deux formes de fusion. La leur est dévorante, captatrice et dominatrice : il n'y a pas de place pour l'autre. Leur amour mange l'autre et se l'assimile. Il existe cependant une autre forme de fusion : la fusion excluante. L'oxymore est approprié. Pensez à ces familles bourgeoises d'autrefois ; elles avaient à leur service des domestiques sans contrat ni salaire, mais avec des gages (le mot tient de la garantie et du jeu). Justement, le jeu consiste en ceci : laisser dire que ces serviteurs font partie de la famille (fusion), mais, par de nombreux détails, montrer qu'ils n'en sont pas vraiment (exclusion). L'acte d'union disjoint.

Eh bien ! c'est exactement la situation de la manne : le peuple hébreu fut tiré d'Égypte, mais « leurs corps jonchèrent le désert » (1 Co 10,5) ; la manne les nourrit miraculeusement, mais ce pain de survie n'est pas une véritable nourriture : les hommes n'ont rien fait pour la gagner. Adam et Ève ravissent une proie, en complicité. Les Hébreux trouvent la manne à ramasser, en assistés. C'est ce que souligne le Deutéronome.

Il s'agit, dans le texte de l'Exode, d'une épreuve. Laquelle ? On répond, de façon un peu stéréotypée, que la manne représente une épreuve de fidélité. Bien sûr, en particulier dans les écrits sacerdotaux, pour le respect du sabbat. La fidélité montre bien des visages : lequel retenir ? Deux fois, le Deutéronome parle de « pauvreté » dans laquelle Israël doit entrer et demeurer. Car la question n'est pas d'éprouver sa propre fidélité, sinon on devient victime de la spirale des scrupules qui réclame de plus en plus de précisions, de règles et de pratiques dans le but de s'assurer à soi-même qu'on est fidèle. L'autre n'est plus qu'un prétexte pour fournir une image idéalisée de soi. Une telle fidélité cherche à combler, encore qu'il lui en faille toujours plus. Ce n'est jamais assez pour elle. Elle vit en riche insatiable. À ce titre, elle est peut-être pire que l'infidélité (voir Mc 7,8-13). Aborder l'eucharistie suivant cette logique du remplissage conduit à une impasse. Mais alors, pourquoi faut-il que tant de prières usent des mots « toujours », « complètement », « entièrement »... ?

L'autre aspect de la fidélité demandée par le Deutéronome porte sur la pauvreté. La manne est une épreuve : on peut s'y arrêter. Elle est un pain transitoire, pour avancer, mais surtout pour ouvrir l'attention à la main qui donne, pour devenir écoutant de celui qui appelle à marcher vers lui. Son but n'est pas de combler, il est beaucoup plus de creuser, dans le croyant, l'insatiable désir de la rencontre. La manne donne faim. C'est en cela qu'elle est figure de l'eucharistie : par l'espérance d'une plus intime alliance[2].

> « Comme les yeux d'une servante vers la main de sa maîtresse,
> ainsi nos yeux sont levés vers le Seigneur notre Dieu
> dans l'attente de sa pitié » (Ps 123,2).

Le banquet et l'hôte

Tant d'autres repas seraient à évoquer ici ! Repas d'alliance qui renforcent la cohésion sociale (mais le riche exclut Lazare de son banquet : Lc 16,19-21), repas devant Dieu qui témoigne de la valeur d'un traité (entre Jacob et Laban : Gn 31,54 ; avec Aaron, Jéthro et les anciens : Ex 18,12)... Ils ont été fort bien étudiés. Il faudrait citer aussi ces pains posés devant la face de Dieu – les pains de propositions (Lv 24,5-8 : « à titre d'alliance perpétuelle »). Mais je m'attache à chercher quelles attitudes conduisent à l'eucharistie. Je m'arrêterai donc à l'annonce du festin messianique, en restant attentif à deux questions : qui invite ? et quels sont les convives ?

Le texte le plus célèbre se rencontre dans l'apocalypse du premier Isaïe (Is 25,6-9) :

---

2. « Sa richesse en effet rassasie en cas de manque – et il n'est personne qui dise : ‹ J'ai assez reçu ›, quand il a pris au glorieux trésor... Parmi ceux qui s'empressent de prendre quelque chose, celui qui goûte à sa richesse ressent encore le besoin de prendre » (Aphraate, *Exposés,* 23, 48, Paris, Cerf, 1989, S.C. 359, II, p. 930-931).

« Le Seigneur, le Tout-Puissant,
va donner sur cette montagne
un festin pour tous les peuples,
un festin de viandes grasses et de vins vieux,
de viandes grasses succulentes et de vins vieux décantés.
Il fera disparaître sur cette montagne
le voile tendu sur tous les peuples, l'enduit plaqué sur toutes les nations.
Il fera disparaître la mort pour toujours.
Le Seigneur Dieu essuiera les larmes sur tous les visages
et dans tout le pays il enlèvera la honte de son peuple...
On dira ce jour-là : ‹ C'est lui notre Dieu.
Nous avons espéré en lui et il nous délivre.
C'est le Seigneur en qui nous avons espéré. › »

Si l'on prend l'ensemble du livre d'Isaïe tel qu'il nous est parvenu, cet extrait vient en contrepoint de deux autres passages aussi connus. D'un côté, en Is 22,12-13, le prophète stigmatise l'attitude des grands de Jérusalem : au lieu de se tourner vers le Seigneur qui lui a épargné le pire pendant une guerre, la ville se livre à une allégresse déplacée. Elle compte sur ses forces et jouit de l'instant : « [Dieu] nous appelait à pleurer et à nous lamenter... et c'est l'allégresse et le plaisir : on tue les bœufs, on égorge les moutons, on mange de la viande, on boit du vin. On mange et on boit : car demain nous mourrons ! » Passage extraordinaire : « Après moi le déluge ! » Telle sera la réaction d'Ézékias quand, après le départ de l'ambassade babylonienne, Isaïe lui annonce l'exil de ses fils à Babylone. Le roi pense : « Ce sera la paix et la sécurité durant mes jours » (Is 39,8). En même temps, les généraux détruisent des maisons pour renforcer les murailles. Un si grand mépris envers les petites gens est le fait des puissants : « Malheur à ceux qui ajoutent maison à maison, champ à champ, jusqu'à prendre toute la place et à demeurer seuls au milieu du pays ! » (Is 5,8). Le festin célèbre une impression de puissance, il honore l'autocélébration des notables. On sait comment, en période de graves crises, les orgies servent de compensation à l'angoisse. Se remplir l'estomac, c'est proclamer qu'on ne manque de rien et qu'on surmonte les malheurs. Cependant, les ripailles sont éphémères : elles exorcisent la peur, mais ne peuvent arrêter le cours du temps. Autant en profiter pendant qu'on le peut...

Les Évangiles mentionnent aussi cet aveuglement : aux jours de Noé et de Lot, écrit Luc (Lc 17,26-28), « on mangeait, on buvait », et Matthieu ajoute : « [Les gens] ne se rendirent compte de rien » (Mt 24,39). L'activité ordinaire, nécessaire même, de manger devient le lieu de l'amnésie. Manger se change parfois en acte d'oubli : on pense à soi, aux relations, on assure sa survie en anxieuse protestation d'exubérance et on se ferme les yeux sur tous ces Lazare qui mendient aux portes (Lc 16,19-20). La même cécité condamne les relations internationales : la terre produit de quoi nourrir ses habitants, mais les lois du marché établies au profit d'une minorité entretiennent la famine... « Vous avez eu sur terre une vie de confort et de luxe, vous vous êtes repus au jour de la boucherie » (Jc 5,5).

Manger remplit la panse et aveugle. Manger fait aussi rêver : les prisonniers affamés rêvent de nourriture. Ils quittent leur détresse pour des irréels banquets. Dans un autre passage étonnant, troublant même, Isaïe raconte le retour des exilés à Jérusalem, la joie de ceux qui reviennent et le jugement de toute chair (Is 66,10-21). La visée du prophète embrasse toutes les nations. Celles-ci convergent vers Jérusalem, facilitent le retour des émigrés. Des rescapés parcourent les pays lointains pour annoncer la gloire de Dieu. Une intense activité se déploie ainsi autour de Jérusalem comparée à une heureuse mère qui accouche d'un peuple nouveau (Is 66,7) où même des étrangers pourront devenir prêtres (v. 21).

Magnifique tableau ! Il condamne ceux qui, dans les jardins et les bosquets, continuent les pratiques païennes : « Ils mangent la viande du porc, des bêtes abominables et de la souris » (Is 66,17). Mais de quoi se nourrissent les rescapés et leurs invités ?

De lait (v. 11). Certes, comparer le retour d'exil à la renaissance d'un peuple conduit à décrire Jérusalem sous les traits d'une mère réconfortante « à la mamelle glorieuse » (v. 11b). Mais qui ne voit, dans cette description lyrique, une exaltation de la réalité qui fut certainement plus humble et plus difficile, d'après ce que rapportent les livres d'Esdras et de Néhémie. Certes, des pratiques liturgiques paléochrétiennes utilisaient du lait, surtout pour montrer qu'était venu le Messie, grâce à qui « les collines ruisselleront de lait » (Jl 4,18).

C'était minimiser le fait que le Christ donne à l'homme sa pleine stature de fils. Le lait est réservé aux enfants (1 Co 3,2), une nourriture de pauvre berger qui n'a rien d'autre (1 Co 9,7). Le chrétien dépasse ce stade du nourrisson ou du novice (Hé 5,12-13). Le seul lait convenable est désormais celui de la Parole (1 P 2,2). Le pain ou le lait sont tous les deux surpassés par la nourriture véritable : la même et unique Parole. Point n'est question de revenir en arrière, de remonter dans le sein de sa mère. Jésus l'explique à Nicodème : la renaissance ne redouble pas la naissance (Jn 3,4-5). L'épître à Tite montre que la régénération baptismale créé un homme nouveau.

Ainsi se trouve fermée la voie de la régression, non pas vers l'esprit d'enfance, mais vers un stade infantile, vers la situation utérine où le fœtus jouit de tout et tout de suite. Le *jeûne* puise ici sa double fonction : il nous enseigne la maîtrise des sens, donc la tempérance, afin de nous rendre disponibles pour la rencontre de l'autre dans une vraie liberté. Il nous apprend tout autant à dépasser les rêves de régression vers un sein imaginaire de caprices et d'envies. Cela n'est pas sans conséquence pour aborder l'eucharistie : elle donne à manger une nourriture d'adultes livrés à l'histoire, une espérance à vivre.

Ainsi prévenus contre la jouissance régressive et le rêve infantilisant, nous pouvons – enfin – commenter l'oracle d'Isaïe (Is 25) ! Le point décisif est le lien entre le festin plantureux et la venue d'un monde nouveau, « des cieux nouveaux et [de] la terre nouvelle que je fais » (Is 66,22). Le festin sur la montagne, à Sion naturellement (Is 2,2) puisqu'elle constitue le centre du monde, est offert à tous les peuples (« Beaucoup viendront du levant et du couchant prendre place au festin avec Abraham, Isaac et Jacob, dans le Royaume des Cieux » : Mt 8,11). Il coïncide avec l'arrivée d'un monde nouveau, sans larmes ni mort (*cf.* Ap 21,4).

Ce monde survient gratuitement comme une invitation à un banquet de noces, thème cher aux Évangiles, au point d'y être plus fréquent que celui du repas pascal (Mt 22 ; Lc 14 ; Jn 2...). Même si les invités se dérobent, accaparés par des occupations ordinaires et futiles qui leur ferment les yeux sur ce qui advient, le Royaume accueille les blessés, les mendiants, les exclus (« bons et mauvais » : Mt 22,10) et son festin remplit les vœux du peuple de Dieu, ce peuple des pauvres de Dieu (Ps 22,27).

Prendre part à ce banquet ne renvoie pas à l'au-delà. Il transforme le présent. Ainsi, la petite parabole qui, en Matthieu, suit celle des invités aux noces reproche à l'homme qui est entré dans la salle du banquet sans se changer de n'avoir pas compris à quelle conversion d'attitude il était appelé. Venu en profiteur, il reste replié sur lui-même. Il omet d'avoir à l'extérieur le comportement de celui qui l'a invité. Selon Isaïe, il garde le vieil enduit plaqué sur lui (Mt 22,11) et ne fait rien, à la ressemblance du serviteur qui enfouit le talent reçu parce qu'il s'est forgé une image idolâtre de son maître (Mt 25,25-27). L'eucharistie nous offre le Royaume, mais elle nous envoie travailler à la vigne. Elle nous donne la force d'être « les collaborateurs de Dieu » (1 Co 3,9). Elle est le pain de l'engagement pour un monde nouveau : tel est bien son réalisme exigeant.

Si l'on voit bien quels sont les invités, la question demeure : qui invite ? Question moins anodine qu'il n'y paraît, en un temps où convivialité rime avec fraternité. Ce n'est certes pas rien ! Je pense qu'il faut un peu de naïveté pour penser que les choses se passent sans un peu d'ordre ! Entre les convives, certains sujets fâchent parfois : où se tient le banquet ? selon quelle préséance ? qui paie le repas ? Bien sûr, on imagine un repas de camarades, égaux en droit, où chacun verse son écot. Soit, mais qui préside ? On peut s'entendre sur un menu... Une parole, celle de la personne qui invite, ordonnance le banquet, fixe l'ordre des plats et des vins. Même les servants prennent un réel pouvoir, ne serait-ce qu'en suggérant. Le repas le plus égalitaire s'organise selon une conception préétablie, fût-ce celle, commune, de l'égalité. Elle commande ; si ce n'est elle, ce seront les affinités électives. La parole sous-entendue est bien celle de l'origine : « Je veux que tu vives. » Une parole que nul ne se dit à lui-même. Parole paternelle ou maternelle, elle renvoie à la Genèse. C'est pourquoi, chez les Anciens, tout banquet comportait son président. Ce n'est pas le faste qui compte d'abord, mais la reconnaissance. Point fondamental : une reconnaissance mutuelle peut fort bien garder trace de blessures premières. Les additionner selon le nombre des participants ne résout rien. C'est un autre, le plus proche de l'origine, de la source, qui préside. Il renvoie ainsi à un au-delà du groupe réuni, non par connivence, mais par une même parole qui les invite, les reconnaît égaux devant elle, et les constitue en frères.

Dans la Bible, c'est Dieu qui invite. Il arrive qu'un groupe de personnes mange devant lui, « en sa présence ». Ce repas tient du sacrifice offert à la conclusion d'un pacte. Le groupe reconnaît donc ce qui a été scellé et qui, désormais, le fera vivre. La nourriture en est le symbole. Mais Dieu ne s'engage pas lui-même ; il protège, il garantit ce qui est fait. Par contre, quand Dieu invite, il advient autre chose, du neuf. Le repas de la Pâque en est le meilleur exemple. C'est en créant du nouveau que le repas guérit les vieilles plaies. Il restaure pour demain. En ce sens, tout repas renvoie à l'origine et lance vers l'avenir : guérison et espérance.

L'eucharistie remonte au Père : il envoie son Fils dans le monde, il accueille son offrande, il le ressuscite d'entre les morts et l'exalte auprès de lui.

Au-delà du repas

La manne garde une signification indécise, elle reste une épreuve. Donc, la distinction entre ses significations vient d'ailleurs que d'elle-même : de la foi en l'Envoyé, répond Jésus. Il accomplit les œuvres du Père (Jn 6,29). Il faut passer de la manne passivement reçue à l'acte de foi : « Qui pratique la vérité vient à la lumière » (Jn 3,21).

D'où l'importance théologique du jeûne. Plus haut, il fut question de son rôle spirituel. Le jeûne volontaire complète la logique du repas : il souligne ce qui n'est pas encore là. Jean-Baptiste et ses disciples jeûnaient ainsi que les pharisiens (Mt 9,14) : Jean passait pour un possédé (Mt 11,18), alors que sa mission et sa joie consistaient à entendre la voix de l'Époux (Jn 3,29). Le Christ ne jeûne pas, car il célèbre les noces promises (Mt 11,19). Mais il jeûnera pendant le repas pascal : il ne boira plus de vin jusqu'au jour du Royaume (Mt 26,29), pas plus qu'il ne prendra la Pâque (Lc 22,16). Que signifie ce repas entremêlé de jeûne ? Le comprendre oblige à un détour.

L'Évangile de Luc commence par l'annonce à Zacharie de la naissance d'un enfant inespéré. Le vieux prêtre écoute Gabriel lui décrire l'enfant à venir. Il condense en lui les plus vives espérances des prophètes : il sera source de joie, d'allégresse, de liesse pour beaucoup ; il sera grand devant le Seigneur, s'abstenant de toute liqueur fermentée en signe de consécration ; il sera rempli d'Esprit Saint dès le sein de sa mère ; il ramènera vers Dieu de nombreux fils d'Israël ; il marchera devant le Seigneur avec l'esprit et la puissance d'Élie, dirigeant les cœurs vers la sagesse des justes ; enfin, il préparera pour le Seigneur un peuple bien disposé (Lc 1,13-17) ! Quoi demander de plus beau ? Zacharie devrait bondir de joie !

Au lieu de cela, il demande : « Qu'est-ce qui m'en assurera, car je suis un vieillard et ma femme est avancée en âge ? » (v. 18). Question somme toute légitime et qui paraît plus banale que, devant semblable promesse, l'éclat de rire de Sara (Gn 18,12), l'amertume de Gédéon (Jg 6,13), les larmes d'Anne (1 S 1,7). Les commentaires psychologiques peinent à établir une différence significative entre la question de Zacharie et celle de Marie, tout aussi réaliste (Lc 1,34). Le résultat est incisif: Zacharie est condamné au mutisme.

Dépassons ici le plan psychologique trop étroit et expliquons ce qui est en jeu. Luc donne des détails précis sur l'organisation des prêtres pour le culte: Zacharie appartient « à la classe d'Abia » (Lc 1,5). Après sa vision, tout handicapé qu'il soit, il continue son service jusqu'au bout (Lc 1,23), pourtant: « Quiconque a une infirmité ne doit pas s'approcher... afin de ne pas profaner mon sanctuaire » (Lv 21,21-23). Saint Luc introduit par là une continuité avec les promesses faites aux pères et, en même temps, une rupture. Le système religieux dans lequel Jean apparaît ne lui donne pas son nom. Son nom sera dit par son père: non pas Zacharie II, mais Jean, le don de Dieu. Jean est arraché à la répétition: un monde s'achève et se tait.

Mais ce silence indique aussi qu'entre la prophétie et sa réalisation ne s'établit pas un simple rapport d'exécution littérale. Entre elles intervient un jeu, un espace, un silence[3]. La prophétie reste réservée et laisse à l'Esprit une distance qui lui permet de garder à la fois sa fidélité promise à la personne et sa marge d'initiative. D'où le silence de Zacharie.

Semblablement, on ne passe pas du signe des repas à l'eucharistie en plaquant l'un sur l'autre. Le jeûne joue ici le même rôle que le mutisme chez Zacharie. L'eucharistie se réfère certes à l'acte de manger, donc au repas. Elle en opère une reprise et une *relecture*: elle les interprète, et cette relecture suppose une distance, une nouveauté créative, donc une intervention autre.

---

3. « Un événement ne peut jamais être le pur symbole d'un autre événement précis de l'histoire, son interprétation spirituelle ne se réduit jamais seulement à un déplacement chronologique, du passé au futur (ou vice-versa) » (G. Vattimo, *Après la chrétienté*, Paris, Calmann-Lévy, 2004, p. 49).

L'acte d'interprétation appartient à l'histoire. Mieux : il fait l'histoire au sens qu'il en révèle le contenu. Le banquet de « viandes grasses » d'Isaïe peut nous laisser insensibles. Il affirme néanmoins que l'histoire n'est pas un long espace vide. Elle est habitée par une liberté créatrice, ce qu'on appelle l'eschatologie : ce traité des « fins dernières » dévoile déjà l'ultime, la radicalité du présent ; et c'est de cela que parle l'eucharistie. L'ici et le maintenant se conditionnent avec l'au-delà qui est le cœur du présent, et le présent opère activement son dévoilement (« Il fera disparaître sur cette montagne le voile tendu sur tous les peuples » : Is 25,7). Eucharistie : monde nouveau pour la multitude.

Pour qu'il y ait sacrement, il faut qu'il y ait histoire. Le sacrement donne de la densité, de la consistance au temps. Loin de la fatalité de la durée *(chronos)*, le sacrement la déchire par un moment favorable *(chairos)*. Le Christ subvertit la durée : il est venu pour cette *heure* (Jn 12,27). Le temps quitte la morne succession imposée. Le sacrement nous libère de la fatalité et nous rend responsables. Car l'eschatologie pèse et juge maintenant ce que nous faisons : « Que chacun donc s'éprouve soi-même » (1 Co 11,28). Elle sort de la sphère sacrale des forces anonymes et exige une autre vie ensemble. Et celle-ci presse avec urgence dans un monde où la faim terrasse encore des millions de personnes. Car s'il existe une rupture entre les repas et l'eucharistie, il s'établit une ligne directe entre manger le Corps du Christ et nourrir son frère affamé.

3

« Buvez… »

De l'acte de manger, je n'ai pas tout évoqué, loin de là ! Car il joint deux directions complémentaires : le travail avec la culture jusqu'aux ténèbres les plus profondes de l'homme. Comme nous allons retrouver la même ambivalence (déjà celle de la manne), avec encore plus de force, à propos de boire du vin, j'ai préféré rattacher ces réflexions à l'acte de boire. La relation s'éclaircira, je l'espère, chemin faisant.

Un mot encore : il peut paraître superflu de divaguer dans les détours anthropologiques du manger et du boire, au lieu d'aller directement à la présence du Seigneur dans l'eucharistie. À cette objection, deux réponses peuvent être proposées. Premièrement, est en question ici le Corps du Christ ainsi que le chante le poème de Marie-Noël – « de corps, tu n'en avais pas, je te l'ai donné » –, l'aspect physique de Jésus, avec sa longue généalogie. Celle-ci lui donnait d'entrée de jeu « la condition d'un homme (serviteur)… offrant tous les aspects d'un homme » (Ph 2,7) [1]. Ses contemporains ne pouvaient se méprendre sur son humanité, elle était manifeste : « Nous voulons te lapider pour blasphème, parce qu'étant homme tu te prétends Dieu » (Jn 10,33) [2].

1. « De même que, chez les hommes, quand la tendresse devient trop grande pour les cœurs qui la contiennent, elle fait sortir d'eux-mêmes ceux qui aiment, de même son amour pour les hommes a vidé Dieu. Car il ne demeure pas chez lui en appelant à lui l'esclave qu'il a aimé, mais il descend lui-même le chercher » (Nicolas Cabasilas, *La vie en Christ,* 6, 12, Paris, Cerf, SC 361, 1990, p. 49).

2. « Jésus-Christ, en se disant l'homme de Dieu, eût donc dit quelque chose de vraisemblable et d'utile ; mais le titre même de Dieu, l'apothéose de soi par soi,

Mais la vue d'une hostie amoindrit évidemment la perception d'une présence humaine. Une des premières erreurs sur le Christ était de contester la réalité de son humanité. Il n'en aurait pris que l'apparence, tels ces dieux qui voyageaient incognito sous un costume humain (*cf.* Ac 14,11-12). Le docétisme (du grec *dokeô*: sembler, avoir l'apparence) évaporait la consistance humaine du Christ au profit de sa divinité, blessant la vérité de l'incarnation. Eh bien ! Nous risquons aujourd'hui la même déviance à propos de l'eucharistie en oubliant sa densité de véritable humanité ressuscitée.

Deuxièmement : loin de constituer une réalité claire, unifiée, notre humanité se présente complexe et ténébreuse. L'inconscient n'est pas du domaine du mal ou du péché ; il relève de faits qu'on ne saurait omettre, sauf à mutiler l'humain. L'eucharistie s'infiltre dans cette humanité réelle, elle la pétrit pour la recréer. Mieux vaut voir où son action intervient pour éviter de prendre pour de la mystique ce qui ne provient que de quelques émois aux sources troubles. D'ailleurs, le Christ n'a pas évacué l'authenticité humaine avec ses ombres et les contradictions inhérentes à sa nature (Hé 4,15). La vérité eucharistique prend en charge l'entière réalité humaine. Sinon, comme pour l'incarnation, l'homme n'est pas vraiment rejoint. Et s'il n'est pas entièrement rejoint, comment serait-il sauvé par la participation à cette alliance nouvelle et éternelle dont l'eucharistie est le sacrement[3] ?

Ombres et lumières humaines. Je commence par les lumières !

---

n'ajouterait rien à ses projets que des difficultés » (Lacordaire, *La liberté évangélique,* Paris, Cerf, 1996, p. 284-285).

3. « La raison, aussi bien que la foi, ne nous révèle-t-elle pas cette présence réelle de l'amour divin dans toutes les créatures et dans tous les événements de la vie, aussi indubitablement que la parole de Jésus-Christ et de l'Église nous révèlent la présence sacrée de la chair du Sauveur sous les espèces eucharistiques ? » (J. P. de Caussade, *Traité de l'abandon à la Providence divine,* Paris, Le Coffre, 1870, J, p. 54-55).

Les feux de la culture

Caïn et Abel, dont fait mémoire la première prière eucharistique : l'un offre des fruits du sol, l'autre des agneaux premiers-nés. On n'en est plus à la cueillette du temps des parents (mieux vaut, d'ailleurs) ni à l'utopie végétarienne du récit sacerdotal (Gn 1,29). Imagine-t-on les progrès d'humanité nécessaires pour en arriver là ? Les deux frères offrent cependant ce qui reste encore des fruits proches de la nature : céréales ou légumes sortis du sol pour l'un, résultat de l'agnelage pour l'autre. Il existe une terre travaillée et des bêtes déjà domestiquées...

Mais le pain ! Car il s'agit de manger du pain. Entre les grains d'épeautre sauvage, mangés crus ou grillés, et le pain, que d'inventions ! La sélection des espèces, leur croisement, les semailles et la moisson ; puis le concassement des grains, le tamisage, le blutage qui sépare la farine du son ; enfin pétrir la pâte, la cuire : combien de siècles pour en arriver là ? La terre est saisie par l'homme, détournée de ses productions habituelles pour fournir le pain. Entre la terre et le pain s'insèrent les longues épousailles du sol et de la peine humaine, ce lent travail de la glèbe par lequel l'homme se travaille lui-même, au sens où il accouche de lui-même et participe à sa propre genèse. « Faire et en faisant se faire », disait le philosophe Jules Lequier. Dieu a confié la terre à l'homme (Ps 115,16) qu'il a voulu ouvrier et gardien de sa création (Gn 2,15), comme il a charge de veiller sur son frère (Gn 4,9). Le pain convivial a donné « compagnons » puis « copains », ceux qui mangent ensemble le même pain : « Il en institua Douze pour ses compagnons » (Mc 3,14).

« Jésus prit du pain » (Mt 26,26). À la généalogie inaugurale de la « genèse de Jésus-Christ » (Mt 1,18) correspond la tenace montée du pain qui s'identifie à la vie même de l'homme : gagner son pain équivaut à gagner sa vie. Les vieux paysans traçaient un signe de croix sur le pain, « fruit de la terre et du travail des hommes », avant d'entamer la miche qu'ils posaient bien à plat et jamais sur la face bombée, car, disaient-ils crûment, ils n'avaient pas gagné leur pain en se couchant sur le ventre. Cette généalogie du pain est aussi celle du Christ dans l'eucharistie. Elle offre sa texture au corps du Fils de Dieu.

Cette réflexion permet de résoudre une difficulté souvent avancée : pourquoi prendre, à la messe, du pain de froment et non de riz, de mil ou de maïs ? Parce que, bien sûr, le sacrement ne s'appuie pas sur l'acte culturel de manger, qui, au fond, n'est qu'une abstraction généralisatrice. Aucun homme ne mange tout uniment, sans plus. Il mange toujours selon sa culture particulière (d'où les cuisines différentes et l'ordre des plats), et sa culture vient d'une histoire singulière. Manger s'inscrit toujours dans une histoire unique [4]. De même que Jésus vient d'Abraham, mais aussi de Thamar, d'Isaac et de Rahab la prostituée, de David uni à Bethsabée, d'Élioud l'inconnu..., selon une suite ininterrompue mais très particulière qui aboutit, après un écart significatif dans la série, à Marie sa mère ; de même, de Melchisédech à David mangeant les pains de proposition, d'Isaïe et son banquet à la multiplication des pains, on en arrive à la Cène : c'est cette histoire unique que reprend, récapitule et célèbre le sacrement. L'universel dans l'existence, bien mieux que dans les idées, ne s'atteint que par le concret : ainsi les mains et le travail, la peine et les espoirs des hommes participent à son élaboration. Et c'est aussi toute la différence entre un impérialisme, même idéal, qui s'impose au monde et le compagnonnage d'une foi qui passe d'homme en homme. L'eucharistie est généalogie, elle enfante.

J'y pense souvent en célébrant. Du fond de la cathédrale s'avance la procession des offrandes : en tête, les enfants avec des lumières et des fleurs, puis le pain et le vin. Les diacres accueillent les présents, car ce sont bien des cadeaux, des dons : l'Église

4. Cette transformation d'une nourriture en sacrement est soulignée par de nombreuses prières sur les offrandes : « Seigneur notre Dieu, tu as voulu choisir dans ta création le pain et le vin qui refont chaque jour nos forces : fais qu'ils deviennent aussi pour nous le sacrement de la vie éternelle » (n° 5).

offre les biens qu'elle a reçus du Créateur. Ce pain, je ne l'ai pas semé, ni moissonné, ni boulangé. Je n'ai rien fait pour le recevoir aussi gratuitement. Si personne ne me le donne, je ne peux célébrer l'eucharistie. Sans pain, pas de messe. Ce qui veut dire aussi que là où l'homme n'a pas de pain à manger, là où il meurt de faim, la présence eucharistique est impossible. C'est aussi simple que cela.

Et c'est du pain sec, sans rien dessus. Une farine pure avec un peu de sel, parce que, sans sel, l'homme dépérit, au point que même le cruel Nabuchodonosor n'avait osé en supprimer la circulation dans les territoires conquis. De plus, le sel est jeté sur les animaux offerts en sacrifice, « le sel de l'alliance avec ton Dieu » (Lv 2,13). C'est la vie nue qui est ainsi symbolisée sans fioriture, sans titre, sans préséance. Cette nudité du pain coupe net les velléités compromettantes.

L'acte de manger voisine avec la sexualité. Ce sont deux pulsions proches : elles touchent au maintien et à la reproduction de la vie. Une forte disette provoque la stérilité. Les sacrifices païens unissaient souvent repas et copulation : « Le peuple commence à se prostituer avec les filles de Moab. Elles invitent le peuple aux sacrifices de leurs dieux. Le peuple mange et se prosterne aux pieds de ces dieux. Israël s'accouple à Baal de Péor » (Nb 25,1-3). Le pain sec jeûne de ces excès exubérants. « Être au pain sec » signifie qu'on est exclu du repas des autres. Le jeûne se tient au cœur de l'eucharistie pour en retrancher toute dévoration, tout écart, tout ce qui n'est pas l'essentiel. Donc, comme la manne, elle représente une épreuve pour la foi, celle de s'attacher – ou non – à ce Christ nu et livré. La passion dévorante se décrit avec des mots provenant du domaine de la nourriture (boire les paroles, il est à croquer…). L'eucharistie conduit à la réserve vis-à-vis de l'autre : au plus intime, il reste l'autre, à distance, en son mystère. La communion et non la fusion : voilà ce que l'eucharistie rappelle à la sexualité, au mariage, à toute relation, sinon la liberté sombre dans l'idolâtrie du « même », de la répétition et de la réplétion de soi en l'autre ou de l'autre en soi. Il y a une pudeur eucharistique.

Et le vin ? D'abord, il est impératif de prendre du vin, et non pas de l'eau, alors que près de 80 % du corps est constitué d'eau. On meurt plus vite de déshydratation que de faim. Mais pourquoi du vin ? Lui aussi est un phénomène culturel particulièrement riche. À mes yeux, un paysage de vignoble représente la plus belle illustration du travail agricole : des lignes nettes, parallèles, un travail qui exige une série de savoirs impressionnants. Depuis la connaissance du terrain (« le coteau fertile » d'Is 5,1), sa préparation (décrite en Is 5,2), sa surveillance, jusqu'à la vinification et la conservation (« les outres neuves » : Mt 9,17)... On comprend aisément que la Bible en ait fait un symbole d'Israël (Is 5). Pourtant, la fiancée du Cantique des cantiques ne fait pas attention à sa vigne (Ct 1,6). Au goût du vin, elle préfère son aimé : « Car tes caresses sont meilleures que le vin » (Ct 1,2). Dans saint Jean, le Christ s'identifie à la vigne (Jn 15,1). Sur le fronton du temple, Hérode avait fait incruster une vigne en or.

Nous retrouvons ici la même ambivalence qu'avec la manne. Le thème du peuple époux de son Dieu appartient à une symbolique fréquente, d'Osée 2 à Ézéchiel 16. La joie des noces appelle le vin « qui réjouit le cœur de l'homme » (Si 31,28). L'analogie continue : la Sagesse plantée en Israël. Après les infidélités que dénoncent les prophètes, la vigne repart : « Je suis une vigne aux pampres gracieux. Mes fleurs sont fruits de gloire et de richesse » (Si 24,17). Isaïe l'affirme aussi (Is 54,6-8).

Las ! Cette euphorie ne dure pas. Au retour d'exil, à la suite de l'exultation du IIIe Isaïe (« Mon âme exulte à cause de mon Dieu, car il m'a revêtue du manteau du salut... tel un fiancé : Is 61,10), Israël voit en Dieu son époux (déjà en Is 54,5 : « Celui qui t'a faite, c'est ton époux »). De là à se croire installé, il n'y a qu'un pas que franchit le peuple. D'où la réaction critique du Cantique des cantiques : la vigne est loin de représenter le bien suprême pour la fiancée, car les renardeaux la ravagent (Ct 2,15).

Salomon la confie en gérance (Ct 8,12), comme le propriétaire fera confiance à un intendant indélicat (Lc 16,1). Si gentilles que soient les noces de Cana, elles risqueraient de finir en déception par manque de vin[5]. Même si le Christ en sert du meilleur. S'il transforme l'eau de purification en joie de la rencontre, ce n'est pas encore l'heure véritable (Jn 2,1-11). Donc, ce n'est pas encore l'alliance radieuse de la rencontre et du don. La réserve manifestée par le Christ atténue l'exubérance. Son motif va nous entraîner très loin !

Délivrer des enfers

Quelques phénomènes naturels intriguaient les Anciens. Que la même terre puisse produire blé et raisin mêlés à des plantes vénéneuses, presque des drogues. Le serpent avalait les poussières et les scories du sol avec lesquelles il fabriquait son venin : pour en guérir, il fallait lever les yeux vers le ciel (Nb 21,9), donc s'arracher à la terre[6]. De même, ce qui relevait de la fermentation conservait un soupçon de mystère fascinant, sacré, et quelques relents de peur impure. C'est à l'image du lait que « caille » la semence de l'homme dans le ventre de la femme (Jb 10,10). Un relent d'impureté rôdait : les consacrés à Dieu, les nazirs (Nb 6), s'abstiennent de toute boisson fermentée. La vie travaille : elle passe du jus de raisin au vin par un artifice inconnu dont l'insécurité s'accroche au vin : « Il mord comme un serpent et pique comme une vipère » (Pr 23,32 ; *cf.* Dt 32,33).

À ces phénomènes se rattache la fabrication du levain, qui n'est que la fermentation de pain rassis par une levure et qu'on met dans une pâte nouvelle pour la faire lever. Il lui faut reposer

5. « Il a voulu que les invités goutent la saveur du vin excellent, fait d'une eau sans valeur ; il a voulu qu'à partir de cette chair vile les croyants savourent la sagesse de la résurrection céleste » (Maxime de Turin, Paris, Migne, 1996, p. 66).

6. « Des morsures mortelles de serpents, juste châtiment des pécheurs, sont guéries par la vue d'un serpent d'airain élevé sur du bois, afin que soit soulagé un peuple abattu et que, par l'image d'une mort en quelque sorte crucifiée, soit symbolisée la destruction de la mort par la mort » (Saint Augustin, *La Cité de Dieu,* X,8,1).

à l'abri de tout rafraîchissement, sinon elle « s'enrhume » et ne monte pas. Ainsi attaché à la vieillesse et à la chaleur qui fermente, ce pain ordinaire n'a pas la valeur du pain azyme (sans levain). Ce pain, qui se conserve mieux, est le pain des nomades. Relié à la sortie de l'Égypte (Ex 12,15-19), le pain azyme souligne la nouveauté de l'Exode et s'apparente au pain nouveau de la nouvelle récolte des sédentaires (Lv 23,5-8), les deux sources de la fête pascale. Dieu se présente par là comme lié à la nouveauté. Saint Paul utilise cette référence pour présenter la résurrection du Christ comme le surgissement d'un monde nouveau : « Purifiez-vous du vieux levain pour être une pâte nouvelle, puisque aussi bien vous êtes des azymes. Car le Christ, notre Pâque, a été immolé » (1 Co 5,7)[7].

Il n'y a pas de « vin azyme ». C'est impossible. Donc, le vin ne renvoie pas seulement à la joie, il contient de la violence, celle de la fermentation. Les deux ne sont d'ailleurs pas sans rapport : la joie et la violence éclatent l'une et l'autre. Elles fermentent, elles bouillent. Les forces aveugles du narcissisme jouent sur les deux registres. « Le vin est comme la vie si on le consomme avec modération » (Si 31,27). De la vie aussi, il possède les sombres fureurs et les abattements : il assouvit (Is 16,8) – Noé en sait quelque chose ! –, il échauffe (Is 5,11) et rend inconscient (Lot et ses deux filles : Gn 19,32-35), il égare (Is 28,7)... D'où le sage conseil : « Avec le vin, ne joue pas à l'homme fort » (Si 31,25). Le vin révèle la faiblesse de l'homme. L'ivresse est une démesure qui le plonge dans les ténèbres souterraines, dans les intempérances des cultes de fertilité. Elle cherche à capter des forces obscures et dangereuses. Même l'ivresse mystique demande un contrôle paternel au moment de la plus ardente union.

Cette ambiguïté va loin : les règles pour les deux sacrifices quotidiens et pour celui de la fête de la première gerbe

7. Lors de la célébration de la Pâque juive, on dit au début : « Tout ferment et toute chose fermentée restés en ma demeure, et que je n'ai point vus et n'ai point brûlés, soient comme néant et poussière de la terre. »

demandent d'offrir des agneaux avec de la farine, de l'huile et du vin (Ex 29,40 ; Lv 23,13 ; Nb 15,5-10). Mais Osée, en critiquant les cultes des divinités agraires (« Ne pousse pas l'allégresse jusqu'au délire » : Os 9,1), annonce qu'Israël va manger « un pain de deuil » et qu'il « ne versera pas de vin en libation pour le Seigneur » (Os 9,4). De fait, le vin est traître (Ha 2,5), et, dans sa conception du culte à venir, Ézéchiel supprime le vin (Éz 46,7). Le vin est désacralisé.

Entre les anciennes prescriptions sacrificielles et le prophète de l'exil intervient l'approfondissement du Deutéronome ; en narrant la marche heureuse au désert, cette relecture précise : « Ce n'est pas du pain que vous avez mangé, ce n'est pas du vin ni des boissons fermentées que vous avez bus : il fallait que vous reconnaissiez que c'est moi, le Seigneur votre Dieu » (Dt 29,5). Au régime de la manne et de l'eau, Israël arrive debout (Dt 29,9) pour entrer dans l'alliance (Dt 29,12).

Cette abstinence – le peuple ne buvait du vin que pour les fêtes, les noces en particulier – amène à une autre analogie. Rouge sombre (Gn 49,11), le vin évoque le sang, donc la fureur de celui qui piétine les ennemis comme le vendangeur foule les grappes : « [Juda] a foulé son vêtement dans le vin et sa tunique dans le sang des grappes » (Gn 49,11). « Fouler la cuvée aux pieds » signifie l'écrasement de l'ennemi, et cela prend rapidement la valeur apocalyptique de la victoire de Dieu : il foule seul (Is 63,3) ; la moisson et la vendange annoncent la fin des ennemis (Jl 4,13 ; Ha 3,12). Les disciples infidèles foulent aux pieds le Fils de Dieu (Hé 10,29). Livre d'espérance, l'Apocalypse reprend cette image : le vin de la fureur, ou de la colère, de Dieu se rencontre trois fois (Ap 14,10 ; 16,19 ; 19,15) en opposition au « vin de sa furieuse prostitution » (Ap 14,8 ; 17,2 ; 18,3). En Ap 19,15, c'est le Christ vainqueur qui juge le monde, il est revêtu « d'un manteau trempé de sang », tel Juda. Au sang des saints versé par les persécuteurs correspond le sang que le Vainqueur leur donne à boire : « ... ils le méritent » (Ap 16,6).

Passer du vin au sang est une comparaison qui va de soi. Mais ce qui ne va absolument pas de soi, c'est l'usage que Jésus en fait. Le renversement qu'il opère a dû bouleverser les disciples. Ils attendaient un Messie vengeur : sa fureur mettrait un terme à leur humiliation. Et, présentant la coupe, il leur dit : « Buvez-en tous, car ceci est mon sang, le sang de l'Alliance, versé pour une multitude en vue de la rémission des péchés » (Mt 26,28) [8].

Le sang de la vie

Les évangélistes et Paul disent cela : il faut boire le sang. Il est intéressant de noter qu'avant le déluge le sang n'est mentionné qu'une fois : celui d'Abel versé par Caïn : « La voix du sang de ton frère crie de la terre vers moi » (Gn 4,10). La manière dont Dieu parle à Caïn surprend parce qu'elle situe les acteurs d'un drame qui peut aussi être vu comme un sacrifice, mais un sacrifice inversé, non pas dirigé vers le ciel, mais tombé à terre par la main du frère cruel : « Tu es maintenant maudit de la terre : elle a ouvert la bouche pour recevoir de ta main le sang de ton frère » (Gn 4,11). Le Lévitique prévoit que le sang sera aussi versé autour de l'autel (Lv 1,5-11...), à sa base (Lv 5,9), donc là où l'autel sort de terre. Il n'y a donc pas que la poussière qui retourne à la terre (Gn 3,19), le sang aussi.

L'épisode qui achève le déluge (Gn 9), décrit une nouvelle création, mais avec trois nouveautés : au lieu d'une nourriture végétarienne, l'homme a le droit de manger de la viande (Gn 9,3), la vigne est cultivée et le vin produit (Gn 9,20). Noé est appelé le « premier agriculteur » (pourtant, on lit en Gn 4,2 que Caïn cultivait le sol). Enfin, le sang, identifié avec la vie, est rigoureu-

8. « Mais à quoi tendent ces propos ? À nous faire comprendre ce que nous avons expliqué plus haut : dans quel sens il ne boit pas de vin ou dans quel sens il en boit ; il en boit avant d'entrer dans la tente, avant d'approcher de l'autel ; il n'en boit pas maintenant, parce qu'il se tient à l'autel et pleure mes péchés ; il en boira de nouveau plus tard quant tout lui aura été soumis et que, tous sauvés et la mort du péché détruite, il ne sera plus nécessaire d'offrir des victimes pour le péché » (Origène, *Homélie sur le Lévitique,* 7,2, Paris, Cerf, 1981, SC 286, I, p. 315).

sement exclu de la consommation : « Vous ne mangerez pas la chair avec sa vie, c'est-à dire avec son sang » (Gn 9,4). L'interdit sera sans cesse rappelé (Lv 17,11-12 ; Dt 12,16...). D'où l'interdiction de manger des viandes étouffées, donc avec le sang (Ac 15,29).

Il nous faudra revenir sur le sang à propos du sacrifice. Il reste néanmoins deux aspects à traiter ici. Le premier concerne la circoncision. Dans la Bible, une femme est impure pendant ses règles ; après l'accouchement, elle reste impure : « elle attend la purification de son sang » (Lv 12,3). L'idée est simple : toute perte de sang constitue un affaiblissement de la vie, donc une impureté. Toute blessure appelle purification. Mais l'homme ? Un passage énigmatique, au début du livre de l'Exode, commence par nous apprendre que, pendant son retour en Égypte avec sa femme, Moïse est agressé par Dieu qui cherche à le faire mourir. Aussitôt, Çippora, sa femme, prend un silex et circoncit son fils Gershom (Ex 2,22), lui touche le pied avec le prépuce et proclame : « Tu es pour moi un époux de sang » (Ex 4,25). Le texte précise que ce geste concerne la circoncision : « Époux de sang par la circoncision » (v. 26). Certes, ce passage suit immédiatement l'annonce à Moïse que, si Pharaon refuse de laisser partir Israël d'Égypte, Dieu tuera le fils premier-né du roi (Ex 4,23). Au-delà de ce rapprochement, il convient de se rappeler que certaines tribus nomades circoncisent très tard les adolescents, pour les préparer au mariage. En circoncisant Gershom, Çippora ne prétend pas épouser son fils. Elle le protège par son sang. Davantage, elle signifie que la vie se transmet par le sexe (le pied[9] est un euphémisme pour désigner le sexe) et que toute transmission de la vie se fait par une perte de son intégrité, aussi bien de l'homme que de la femme. Non seulement tout premier-né appartient à Dieu (Ex 13,2), mais la semence qui donne vie est assimilée à du sang qui est la vie. Ainsi s'éclaire une phrase apparemment obscure de saint Pierre : à propos de la

9. Le même geste d'oindre de sang le pouce droit du pied se retrouve dans le rite de la consécration des prêtres : Lv 8,23.

résurrection et du baptême, il décrit ses correspondants comme « régénérés que vous êtes d'un germe incorruptible et non point corruptible » (1 P 1,23; *cf.* 1 Co 15,43). Toute noce est donc « noces de sang » : la vie ne se prend pas, elle se donne (« alliance en mon sang »). On notera ici que le germe incorruptible est « la Parole de Dieu, vivante et qui demeure » (1 P 1,23b). Quel sang, quelle alliance donnent une vie qui ne passe pas? C'est la même interrogation existentielle que pour le pain.

Le second aspect concerne le traitement réservé à la violence. Puisque le sang concerne la vie, Dieu demande des comptes pour tout sang versé : « Qui verse le sang de l'homme, par l'homme verra son sang versé, car à l'image de Dieu, Dieu a fait l'homme » (Gn 9,6). L'Ancien Testament encadre progressivement la violence afin qu'elle ne dégénère pas en vendettas sans fin. Établissement de la loi du talion (Ex 21,25 : plaie pour plaie, et non pas 77 fois : Gn 4,23), création de villes refuges pour l'homicide involontaire (Dt 19,3), d'un tribunal central (Dt 17,8)... autant de moyens de freiner le déferlement de la violence et de tarir les fleuves de sang. Le respect croissant de la vie achemine vers la paix et le pardon, donc vers l'exigence de ne pas répondre à la violence par la violence.

Loin de nous éloigner de l'eucharistie, ces considérations sur la manière de traiter le sang conduisent vraisemblablement en un point central. Jésus, en assumant l'humanité, ne l'a pas angéliquement affadie ou idéalisée. Il l'assume en sa réalité, et celle-ci est plus complexe qu'on ne le pense ! Prenons la définition classique de l'homme « animal raisonnable » : elle sous-entend que, par l'usage de sa raison, l'homme se distingue de l'animal. Si sa conduite n'est pas raisonnable, il retombe au rang de l'animal (comme Nabuchodonosor devient une bête en Dn 4). Ce n'est pas aussi simple. En effet, si la folie paraît bien être la seule maladie propre à l'homme, l'humanité est capable de violences, de tueries qu'aucune espèce animale ne commet. La raison livre aussi l'homme à l'inhumain, à une violence d'autant plus cruelle et impitoyable qu'elle est raisonnée et parfois sacralisée. Avoir raison se mue en violence. On ne peut laisser cette question de côté et traiter d'une humanité tellement aseptisée et spiritualisée que le problème de la violence serait exclu et jugé indécent, indigne des pieuses envolées qui prétendent encenser l'eucharistie ! L'expression « avoir le sang chaud » qualifie celui qui se laisse emporter, comme un homme et non comme un animal, au nom, par exemple, de son besoin de reconnaissance, de légitimité, de sa vérité. Et nul ne prétendra que les religions n'ont jamais cédé à ces penchants, sous de nobles et purs motifs, bien entendu. Le pouvoir est une violence qui doit apprendre à s'humaniser. Aussi est-il de grande importance qu'au cours de l'institution de l'eucharistie le Christ enjoint à ses disciples : « Les rois des païens leur commandent, et ceux qui exercent l'autorité sur eux se font appeler Bienfaiteurs. Mais pour vous, il n'en va pas ainsi » (Lc 22,25-26). Matthieu ajoute avec justesse : « Les grands leur font sentir leur pouvoir » (Mt 20,25). Le moment où se passe cette scène est crucial : Jésus vient d'annoncer sa mort. Il se livre et le montre vraiment en donnant son corps et son sang. Une contestation surgit entre les disciples : ils veulent savoir qui sera le plus grand (Lc 22,24), donc le successeur potentiel du cher disparu. Jésus n'est pas encore crucifié, et déjà les disciples organisent la succession : qui va prendre le pouvoir ? Certainement pour la bonne raison de continuer l'œuvre du Maître...

Mais regardez – la messe est faite pour être vue : Corps et Sang séparés. Quand cela arrive-t-il habituellement ? Lors d'un accident ou quand un homme est exécuté. Son corps est alors vidé de son sang. Voilà ce qu'au sommet de la messe, à la fin de la prière eucharistique, le prêtre offre, avec toute l'Église, au Père dans l'Esprit. La violence s'éteint dans cette offrande du sang versé et du corps livré. Le Christ renonce à exercer la violence, il ne répond pas au mal par le mal. Lui qui jeûne du vin lors de la Cène (Mt 26,29) renonce à toute expression de vengeance et même de résistance légitime envers ceux qui l'arrêtent (Mt 26,54).

Encore un pas : les rabbins avaient résumé le récit de l'Exode par cinq verbes. En saint Matthieu, le récit de la Passion mentionne que les ténèbres tombent au moment de la crucifixion (Mt 27,45) et durent jusqu'au moment de la mort (« jusqu'à la neuvième heure »)[10]. Quand Jésus expire, un jour nouveau apparaît. Alors, le voile du Temple *se déchire,* la terre *tremble,* les rochers *se fendent,* les tombeaux *s'ouvrent,* des corps *se lèvent*: cinq verbes de naissance. Dans ce Crucifié écartelé, un monde nouveau accouche. Une création nouvelle commence. L'Exode du Christ fend les eaux de la mort. Voilà ce que célèbre l'eucharistie : elle enfante l'homme nouveau, né du Christ en son Esprit répandu. Eucharistie maternelle d'un Peuple qui renaît : c'est pourquoi elle est la nourriture des baptisés ; ceux qui sont re-nés dans l'Esprit reçoivent la nourriture de celui qui se livre.

L'abondance de l'Esprit

Au temple, les prêtres buvaient de l'eau (Lv 10,8 ; Éz 44,21) : aucune boisson fermentée n'y est autorisée. Fidèle aux mœurs du désert, la tribu de Rekab refuse l'agriculture et le vin ; Jérémie les cite en exemple de fidélité (Jr 35). Un si grand attachement à la pureté du désert a conduit plusieurs groupes séparés de l'Église à célébrer l'eucharistie avec de l'eau. Ces « aquariens » rejoignaient ainsi les encratistes (de *enkrateia*: la continence), dont l'ascèse rigoureuse condamnait la procréation, par laquelle se transmettrait la faute d'Adam. Au vin nécessairement mêlé de fermentation, ils opposaient la pureté de l'eau. Ces courants sont rattachés par Irénée de Lyon aux ébionites (les « pauvres » de Dieu), qui n'admettaient le Christ qu'en tant qu'homme, lui déniant toute participation à la divinité. Au fond, l'idée est la

10. Une hymne géorgienne de la résurrection chante :
« Lorsque tu étais observé sur la croix, Sauveur,
Les luminaires ne purent supporter ton abaissement,
Ils s'affligèrent...
Tu illumineras tous les croyants
Par ta remontée resplendissante du tombeau, Christ. »

même : le rejet de tout mélange, déjà poussé à l'extrême par le Lévitique 19 (pas d'habit fait de deux matières différentes...), le refus de toute composition. Il est évident que l'eau exprime mieux cette radicalité que le vin !

L'idéal de pureté découle d'une puissante recherche d'une inaltérable unité. Rêve impossible d'un idéal de soi immaculé et de plus en plus excluant, car on trouve toujours plus pur que soi. À l'opposé, le Messie donnera aux collines un ruissellement de vin (Jr 31,12 ; Jl 4,18...) aussi bon que celui du Liban (Os 14,8). On distingue ici deux conceptions de la vie religieuse : d'un côté l'intransigeante pureté d'un Dieu inaccessible, de l'autre la reprise des désirs humains même les plus larges.

La première tend à réserver l'eucharistie à l'espace sacré des églises (le chœur), donc à un clergé soigneusement séparé du peuple[11], une eucharistie que toucheront seuls des doigts consacrés avant de la prendre et ensuite lavés (car le sacré est redoutable au début et à la fin de tout contact, et, s'il sort de l'espace réservé, il devient dangereux). Cette logique se retrouve dans presque toutes les religions et transpose dans le christianisme une loi générale. D'où l'abondance de lustration et de lavabos pour les ablutions rituelles.

La seconde conception ouvre le repas du Christ au plus large. Elle sait que la communion n'est pas une récompense, que le Christ a mangé, avec une prédilection affichée (Mt 9,10-13), avec des pécheurs et des exclus – bien qu'il n'ait partagé la Cène qu'avec ses disciples –, que le Sang est versé pour la multitude... convivialité que le vin rappelle nettement.

11. À l'inverse, cette remarque : « Tous les chrétiens n'étant plus qu'un avec Jésus-Christ, qui est le souverain Prêtre, et ensuite étant participants de son divin sacerdoce, à raison de quoi ils sont appelés prêtres dans l'Écriture, ils ont droit non seulement d'assister au saint sacrifice de la messe, mais aussi de faire avec le prêtre ce qu'il fait, c'est-à-dire d'offrir avec lui et avec Jésus-Christ même le sacrifice qui est offert à Dieu sur l'autel » (saint Jean Eudes, *Le baptême*, Paris, Cerf, 1951, p. 50).

Or, il me semble que ce dilemme interne au fait religieux reçoit une solution originale dans le Nouveau Testament et que cette solution – on l'oublie aisément – n'est compréhensible que par une approche trinitaire. Le vin est rattaché au Christ et l'eau à l'Esprit : acceptons provisoirement cette répartition ici trop tranchée.

Que le vin soit rattaché au Christ va de soi. L'Esprit, lui, est associé à des termes évoquant un liquide : « Nous avons tous été abreuvés d'un seul Esprit » à partir d'un même baptême, écrit Paul aux Corinthiens (1 Co 12,13), faisant peut-être référence à la Sagesse : « Elle le nourrira du pain de l'intelligence, elle l'abreuvera de l'eau de la sagesse » (Si 15,3). Le baptisé est nourri et désaltéré. Ainsi sont regroupés sur l'Esprit les deux passages où le Christ promet l'eau vive. D'abord à la Samaritaine : « L'eau que je lui donnerai deviendra en lui une source jaillissant pour la vie éternelle » (Jn 4,14) [12]. Ensuite, le jour où les prêtres lavaient le temple avec de l'eau puisée à la source de Siloé, Jésus debout (comme il sera élevé en croix) redit la même promesse. L'évangéliste affirme : « Il dit cela de l'Esprit que devaient recevoir ceux qui croyaient en lui » (Jn 7,39). On comprend que les Pères de l'Église ont fait le rapprochement entre cette source vive et l'eau qui s'écoule du côté du Christ en croix, signe du baptême et du don de l'Esprit (Jn 19,34) [13].

L'eau et le sang sortent du même côté transpercé. La première épître de Jean le rappelle : « C'est lui qui est venu par l'eau et le sang, Jésus-Christ, non pas avec l'eau seulement (il est donc plus grand que le Baptiste), mais avec l'eau et le sang » (1 Jn 5,6). Et

---

12. « Puisque les flots de la divinité doivent se déverser de moi, je dois être une source, sinon ils se tariraient » (Angelus Silesius, *Le pèlerin chérubinique*, I, 179, Paris, Cerf, 1994, p. 72).

13. « Tu as frappé le rocher et l'eau en a jailli ;
Ils burent aux douze ruisseaux,
Comme figure de la source de ton côté
Et de la prédication des Apôtres »
(Nerse Snorhali, *Jésus, Fils unique du Père*, SC 136, Paris, Cerf, 1973, p. 65).

l'Esprit se joint au témoignage de l'eau et du sang (1 Jn 5,8). De leur côté, Marc 1,8 et Actes 1,5 associent l'eau et l'Esprit dans le baptême.

De cet Esprit, les chrétiens ont reçu un premier versement, les arrhes (2 Co 1,22). Il est « répandu sur toute chair » (Ac 2,17), et le signe en est donné par l'ouverture du baptême aux païens (Ac 10,47). Les chrétiens qui l'ont reçu aspirent à le recevoir de plus en plus afin d'être de mieux en mieux conformés au Christ, selon la parole du Siracide : « Ceux qui me mangent auront encore faim et ceux qui me boivent auront encore soif » (Si 24,21). D'où le magnifique résumé donné par saint Ambroise : « Ce sont en effet des fleuves qui couleront de son sein : il s'agit de celui qui recevra la boisson donnée par le Christ et qui s'abreuvera de l'Esprit Saint » *(Lettre 2 à Constance).*

Boire est bien plus que laver : c'est l'être intérieur qui est vivifié. Le Christ a partagé l'existence humaine sans mettre aucune frontière ni aucune exclusive. Ce sont ceux qui lui dénient le droit d'agir comme il le fait qui se mettent en marge de sa proposition. À cette humanité violente et enlisée, il donne son Esprit au moment où il remet son souffle entre les mains du Père. Cet Esprit refaçonne l'homme en conformité avec le Fils : dans le croyant, il ne cesse de dire le Christ. Il l'abreuve ainsi de l'eau vive qu'est le Christ donnant sa vie, eau et sang. On a voulu analyser cette eau, sa composition, ses effets, et on a oublié qu'il s'agit d'un fleuve, d'une puissante source. C'est donc le mouvement qui compte, et là, un ritualisme affligeant autant qu'une empathie indistincte nous enlisent dans la stagnation. C'est s'arrêter à ces citernes fissurées en délaissant la source d'eaux vives (Jr 2,13), celle qui coule généreusement du côté droit du temple (Éz,47,2). Ainsi, c'est l'élan de la transformation qui importe ici, et l'eucharistie donne le pain de cette marche : elle est viatique.

La notion de marche est inséparable de l'eucharistie : manne de l'Exode, Corps traversant la Pâque, cheminement de l'Église.

Elle met en cause une théologie de l'Église. Ou bien l'Église se considère comme une société concurrente du monde, ce qu'on observe dans la ville de Limoges, qui comportait deux collines antagonistes, celle du comte et celle de l'évêque, ou comme un bateau avec les élus sur le pont et les autres qui se noient. Ces conceptions engendrent des exclusions. En ce cas, on rejoint la vieille opposition du sacré et du profane, chère aux religions naturelles. Le sacré a peut-être déserté les temples (est-ce sûr ?), mais il s'abrite, en ces temps dits sécularisés, dans des palais de la Bourse, dans les stades et sur les plateaux de télévision. Et le monde continue à vivre selon des dualismes ennemis…

Ou bien l'Église, ce peuple de chercheurs de Dieu, de marcheurs à la suite du Christ, regroupe « la part du Christ qui résume en lui le salut du Christ » (oraison du 31 décembre) : sa part, ce qu'il est en train de récapituler (Ép 1,10), et pas encore la totalité, selon l'expression de l'épître aux Hébreux (« Actuellement, il est vrai, nous ne voyons pas encore que tout lui soit soumis » : Hé 2,8). Nous entrons alors dans le registre de la sainteté, c'est-à-dire dans une altérité de communion. À la limite, un Dieu uniquement autre devient si étrange qu'il en est insignifiant et impensable. L'incarnation nous révèle que l'altérité existe pour la communion, pour l'union dans la différence, sans mélange ni confusion. Une source faite pour irriguer, afin de donner la vie.

C'est pourquoi la manière de célébrer appartient à la vérité du sacrement. En réaction aux crises qui ont jalonné l'histoire de la messe, surtout celles apparues au moment de la Réforme, on s'est beaucoup préoccupé de la validité de la célébration. Suivre une logique de la validité conduit à réduire la célébration au strict essentiel indispensable. Cela se comprend, mais il faut en mesurer les conséquences. Non seulement le point culminant de la messe s'est déplacé de la grande élévation (appelée à tort « la petite ») avant le Notre-Père vers la consécration, mais une véritable fièvre ritualiste s'est emparée de la liturgie. Il ne s'agit pas, bien entendu, de faire n'importe quoi, mais il ne suffit pas non plus que le prêtre célèbre seul face à une assistance figée, dont certains membres s'occupent à vérifier la rigide application des rubriques. Il serait ainsi plus important de voir que de participer. On oublie alors l'essentiel, c'est-à-dire que l'eucharistie fait progresser dans l'union au Christ sous l'action de l'Esprit. Surtout, on confond l'approche qualitative de la puissance de conversion avec la quantité de messes célébrées. Que l'eucharistie soit au cœur de la vie chrétienne est une évidence. Mais cela ne dit rien sur le nombre de liturgies ! Cela exige cependant qu'elles permettent d'aller au cœur. Ce besoin de regarder (mais on baisse la tête quand le prêtre élève l'hostie !) conduit à entourer le saint sacrement de « soleils » (ainsi appelle-t-on couramment l'ostensoir, ce qui n'est pas sans lien avec le « Roi Soleil »), de placages dorés et de verroteries qu'on n'oserait offrir à un humain sans le mépriser. Ces atours éloignent du bois de la crèche et de la croix. L'hostie intacte, ronde, pleine, ne porte plus le signe du corps et du sang séparés, de la fraction du pain, ce premier nom de la messe. Car le propre du cercle, qui exprime la plénitude, est aussi d'exclure en délimitant.

Évidemment, ces remarques n'invalident pas le culte eucharistique – nous y reviendrons –, elles tracent seulement quelques repères pour en assurer la signification évangélique. Sinon, « quand on se contente des émotions comme manifestation d'une certaine vie de l'esprit, on est paradoxalement dans le matérialisme [14] ». On n'est plus abreuvé mais noyé.

14. Jean-Pierre Longeat, *Paroles d'un moine en chemin,* Paris, Albin Michel, 2005, p. 96.

4

« Faites en mémoire... »

Le dernier impératif du Christ après « prenez », « mangez » et « buvez » apparaît chez Paul (1 Co 11,25 : « Faites-le en mémoire de moi ») et chez lui seul. Il est également celui qui décrit le plus exactement ce qui s'est passé à la Cène – nous y reviendrons – quand, tout à la fin du repas, au moment de la coupe de bénédiction, le Christ prit cette coupe et dit : « Ceci est la nouvelle alliance. » Ce faisant, il rappelle les alliances conclues avec les Pères, en particulier l'alliance du Sinaï. Il reprend également l'alliance nouvelle qu'annonce Jérémie (Jr 31,31). Sa phrase constitue donc un acte de mémoire et, en même temps, par l'emploi de l'impératif, elle donne une injonction qui ouvre l'avenir.

La rapide allusion au déroulement du repas pascal permet un constat. Chez Matthieu et Marc, les ordres de manger et de boire se succèdent sans intervalle. Luc et Paul gardent le plan initial, en plaçant l'injonction de boire la coupe « après le repas » (Lc 22,20 et 1 Co 11,25). Il est clair que Matthieu et Marc relatent la célébration de l'eucharistie telle qu'ils la vivaient dans leurs communautés. Luc et Paul avaient conservé un rituel plus primitif, donc plus proche du déroulement de la Pâque juive, alors que, paradoxalement, ils écrivent pour des chrétiens marqués par la culture hellénistique. Ces divergences ont conduit certains auteurs à penser que nous n'aurions pas « le récit de l'institution », que ce titre serait excessif sinon usurpé. Que les Évangiles ne donnent pas la copie sténographiée des paroles du Christ, cela est admis. Que Paul affirme que son récit de la Cène provient d'une tradition qu'il a reçue – du Seigneur, certes, ce qui n'interdit pas les médiations (1 Co 11,23) –, voilà qui nous ramène quelques années après l'ascension. Cependant, ce récit est lui-même inséré dans une liturgie, ce que montre bien l'usage que Paul en fait pour critiquer les assemblées de Corinthe.

Toutefois, ce genre de critique pêche par excès. Parce qu'il ne s'agit pas de décrire la Cène dans un instant du passé, de la dater à une heure précise et de laisser le temps élargir l'écart qui nous en sépare. Cette prétention d'atteindre l'événement pur, coupé de ce qui l'a produit, est une illusion historicisante. Car le Christ a laissé un acte à faire. Il a lié une parole et un geste, créant ainsi la dynamique d'une célébration. La célébration relève de ce lien. Les deux sont inséparables, par une parole performative, c'est-à-dire qui accomplit ce qu'elle dit. L'impératif « faites » est saisissable justement par l'acte de faire. C'est en cela qu'il y a institution, parce que la mémoire célèbre l'acte qui crée cette mémoire. Il l'institue en tant qu'elle doit être faite.

Le rapport que nous avons avec la Cène n'est pas qu'historique, ce qui la rendrait lointaine ! Ce rapport est de l'ordre de la mémoire, donc une relation au temps qui dépasse la stricte durée pour la remplir de présence. Dans les prières eucharistiques, après la consécration, l'assemblée chante l'anamnèse (la mémoire) du Christ mort, ressuscité et à venir. Puis le président de la célébration développe les aspects de la Pâque au Christ :

Prière 1 : « C'est pourquoi, nous aussi, tes serviteurs [les prêtres] et ton peuple saint avec nous, faisant mémoire de sa passion bienheureuse, de sa résurrection du séjour des morts et de sa glorieuse ascension dans le ciel... » (Notons le lien entre les prêtres et le peuple, réunis en une seule assemblée.)

Prière 3 : « En faisant mémoire de ton Fils, de sa passion qui nous sauve, de sa glorieuse résurrection et de son ascension dans le ciel... »

Prière 4 : « Voilà pourquoi, Seigneur, nous célébrons aujourd'hui le mémorial de notre rédemption : en rappelant la mort de Jésus Christ et sa descente au séjour des morts, en proclamant sa résurrection et son ascension à ta droite dans le ciel, en attendant qu'il vienne... »

Prière 1 de la réconciliation : « En faisant mémoire du Christ, notre Pâque et notre paix définitive, en célébrant sa mort et sa résurrection, en appelant le jour béni de sa venue et de notre joie... »

Prière 2 de la réconciliation : « Père très bon, ton Fils a laissé à ton Église ce mémorial de son amour... »

Deux prières commencent par « C'est pourquoi » ou « Voilà pourquoi » ; elles rattachent explicitement l'ordre du Christ à la mémoire que fait l'assemblée : c'est lui qui a laissé ce mémorial (prière 4 et prière 2 de la réconciliation). Ces expressions n'avaient posé aucune difficulté particulière jusqu'à la publication de ces prières eucharistiques. La liturgie parlait de la « mémoire de la passion » (deux fois dans la messe du Saint-Sacrement attribuée à saint Thomas d'Aquin) et même de « mémorial ». Il s'est alors passé le même phénomène que pour le mot « symbole » : ne retenant de ces mots que leur sens affaibli, mémoire, mémorial ont été suspectés, comme le symbole, de n'être que des images, de simples stèles, des plaques votives au long des rues. C'était oublier ce qu'est la mémoire et ce qu'est, dans la Bible, le mémorial.

Une mémoire existentielle

Le langage courant confond habituellement mémoire et souvenir. Les deux mots sont utilisés indifféremment l'un pour l'autre. Une petite histoire nous aidera à faire la distinction entre les deux termes. Un père emmène en voiture sa petite fille âgée de 2 ans, pour aller chercher du pain. À un passage à niveau non gardé, comme il en existait alors, la voiture est prise en écharpe par un train. Le père est tué sur le coup. Les sauveteurs trouvent, dans l'amas de ferraille, la petite fille intacte. Aujourd'hui, elle approche des 70 ans. De cet accident, elle ne garde aucun *souvenir,* si ce n'est ce qu'on lui en a plus tard rapporté. Cependant, aujourd'hui encore, quand elle franchit un passage à niveau, son corps se crispe involontairement par une peur insurmontable, inscrite en elle sans elle[1]. Sa vie est donc construite selon sa *mémoire* de l'événement.

Les souvenirs vont et viennent dans le champ psychologique. Beaucoup sont oubliés, et heureusement ! Certains remontent de loin. Ils possèdent cette variabilité propre aux impressions affectives. La mémoire agit autrement, à un autre niveau que la seule psychologie. Elle façonne une vie, la pétrit et l'oriente, au-delà des évolutions du psychisme. Inscrite dans les structures de l'être, la mémoire relève de l'ordre existentiel. C'est pourquoi, en changeant au cours des ans, donc en se modifiant dans son apparence extérieure (sa « mêmeté »), une personne demeure bien identique en son « ipséité », c'est-à-dire ce qu'elle est comme personne unique. Ce qui évolue et change avec le temps appartient à ce qui n'est, en elle, jamais son être le plus singulier ; ce qui continue fidèlement relève de l'ipséité (du latin *ipse,* lui-même). Malgré le langage (« tu n'as pas changé, tu es resté le même »), l'individu a évidemment changé ! Il s'est voûté, ses cheveux ont blanchi. Mais son identité profonde, elle, a traversé les ans. La mêmeté relève des souvenirs, l'ipséité de la mémoire. Ainsi, la maladie d'Alzheimer n'entraîne pas seulement une perte des souvenirs, elle provoque une altération de la mémoire par la perte des repères existentiels et du goût de vivre, et par l'anémie des relations.

Autre exemple, au moment où disparaissent les derniers survivants de la guerre de 1914-1918. Bien des souvenirs continuent après la mort du dernier : musées, cimetières, récits, photos... D'ailleurs, cette poignée de vétérans n'ont pas forcément, tous, les mêmes souvenirs. Tout dépend des lieux où ils ont combattu. Par contre, ils ont une mémoire commune, celle

---

1. « Les souvenirs sont du miel pour m'attraper, pas la mémoire. Les souvenirs sont à la mesure de ma vie, la mémoire, elle, me dépasse. Souvent, je confonds les deux » (M. Cardinal, *Au pays de mes racines,* Livre de poche, n° 5639, p. 90).

de leurs combats, de leurs souffrances. Entre eux jouent une communauté d'histoire, le partage d'un même sort qui, de fait, les rendent frères d'armes, selon l'expression usuelle. Les événements ont créé en eux une mémoire qui les réunit. Ils ont institué un acte de mémoire, par leurs propres forces.

La Bible parle de mémoire et non de souvenirs. Donc, elle s'attache à des existences qu'elle rassemble en un corps de mémoire. Son attitude relève de l'existentiel. Pour des raisons liées à l'histoire, en particulier les attaques et les contradictions qu'il a subies, le sacrement de l'eucharistie se retrouve distendu entre la métaphysique et le piétisme. Selon la métaphysique, la vérité coïncide avec le réel objectif, c'est-à-dire indépendamment des approches et des préparations qui, précisément, agencent le réel pour qu'on puisse l'appréhender[2]. Il n'existe pas davantage d'objectivité pure, indépendamment de la subjectivité qui l'approche. Ce n'est pas là un total relativisme, mais le simple rappel que le réel ne s'appréhende que par une relation particulière. Les sciences se sont développées à partir de la multiplication des relations à un objet dont la vérité totale échappe toujours à chaque point de vue. De même, aucune information, aucune communication ne peuvent être établies indépendamment d'un jugement préalable sur la manière de procéder. Une certaine naïveté métaphysique a conduit certains penseurs à croire qu'il était possible de toucher la vérité à mains nues et de la définir en sa réalité ultime.

De son côté, le piétisme, conscient de la sécheresse et des limites de la métaphysique, s'active à faire correspondre l'eucharistie aux émois sans frein qui s'en emparent. Mais l'amour sans analyse ni questionnement est-il encore fidèle ?

Ces deux attitudes, apparemment opposées, se rejoignent cependant par une identique aspiration à se saisir de leur objet et, même en le vénérant, à s'exalter humblement en réduisant

2. D'où l'importance accordée dans les Évangiles synoptiques aux préparatifs de la Cène.

l'eucharistie à n'être qu'un objet d'étude ou d'émotion. Mais, en ces protestations, elles entraînent l'eucharistie dans le champ de leur aimantation, sans lui laisser la possibilité de modifier et de critiquer leurs représentations. Un acte de conversion ne s'effectue pas, empêchant ainsi le sacrement de poser sa différence. À force d'avoir des idées sur Dieu, il arrive qu'on le confonde avec elles.

Or, au cœur de l'eucharistie, se lève une résistance, celle de l'acte de mémoire, donc celle de l'existence. Car l'auteur de la mémoire est Dieu lui-même qui, tout en restant l'inaccessible, se livre néanmoins dans sa relation aux hommes.

Cette révélation modifie les conceptions et les idées de l'homme. Il ne pense plus de la même manière après elle qu'avant sa venue. L'eucharistie oblige ainsi à un langage neuf dont l'homme n'est pas la seule source. Car Dieu n'est pas un titre honorifique, sorte de maréchalat honoraire, que l'humanité, en examinateur consciencieux, attribuerait à Jésus de Nazareth et à ses œuvres. Selon le mot d'Irénée de Lyon, le Christ est « l'exégète du Père », donc la nouveauté de sa révélation.

Dans la mémoire de Dieu

Il est inévitable que les excès d'abstraction entraînent des abus d'émotion. Les deux surveillent les expressions et les attitudes. Ils refusent ce qui se situe à côté de ce qu'ils estiment devoir être dit et manifesté par des rites. Ce gel rompt la chaîne de symbolisation. Le symbole, cet acte qui consiste à joindre deux réalités, suppose une mémoire qui garde le lien de l'alliance par lequel des réalités se joignent et s'évoquent mutuellement. Une alliance représente beaucoup plus qu'un souvenir. Elle institue des exigences et une fidélité ; elle modèle les existences en vue de l'attachement à un autre ; elle pose le signe, le mémorial de ce lien vital. Alliance et mémoire vont de pair. À chaque alliance, Dieu reprend les alliances précédentes. Il en fait mémoire : « Je suis le Dieu d'Abraham ton père », dit-il à Isaac

(Gn 26,24) ; « Je suis le Dieu de ton père, Dieu d'Abraham, Dieu d'Isaac, Dieu de Jacob », expose-t-il à Moïse (Ex 3,6).

Le sens particulier et très fort de la mémoire est fréquemment utilisé par la Bible. À cela, une raison essentielle : aucun acte survenu dans l'histoire humaine n'épuise la totalité de la générosité de Dieu. Ce qu'il accomplit pour les siens porte en soi une promesse de prolonger le même acte avec le même souci de l'alliance. Toute action de Dieu ouvre un avenir. Elle crée un temps particulier, une modalité de l'histoire, qui remplit le cours des siècles de la fidélité divine. Cette fidélité dévoile ainsi l'attention que Dieu porte envers l'humanité, son attitude envers les hommes ; elle révèle donc, à travers ce que Dieu accomplit, comment il se comporte, qui il est, en un mot sa vérité. En hébreu, vérité et fidélité se disent par le même mot. Ainsi, dans sa réponse à Moïse, Dieu répond par ce mot : « Yahvé, je suis qui je suis », ou mieux : « Je suis qui je serai » (Ex 3,14) [3]. Et aussitôt il commente : « ‹ Je suis › m'a envoyé vers vous [les fils d'Israël] » (Ex 3,14b). L'être se dévoile dans l'histoire par une mission de salut confiée à Moïse. Non pas l'être-en-soi, mais Dieu-avec-nous, l'Emmanuel d'Isaïe et de Noël (Is 7,14 ; Mt 1,23 : « Ce qui signifie ‹ Dieu avec nous › ») [4].

Ce fait fondamental entraîne d'importantes conséquences. D'abord, il confère au présent une plénitude. Ainsi, le rituel de la Pâque est-il inséré dans le récit de l'Exode. Au milieu de la narration de la nuit où Israël sortit d'Égypte, le rédacteur inscrit la question des futurs enfants présents à la célébration pascale : « Qu'est-ce que ce rite [ce service] que vous faites ? » (au présent : Ex 12,26). Et ce service rituel inaugure une nouvelle année

3. « ‹ Je suis moi : voilà ce que je suis. › C'est-à-dire : je suis le partenaire de ton ‹ moi › humain et de toute ta personnalité possible » (M. Machovec, *Jésus pour les athées*, Paris, Desclée, 1978, p. 76).

4. « Si nous regardons tous les hommes comme un seul et tous les jours comme semblables, vraiment Dieu est avec nous. Si nous aimons ceux qui nous haïssent... comme ceux qui nous aiment... vraiment Dieu est avec nous » (Barsanuphe et Jean de Gaza, *Correspondance*, Solesmes, 1971, p. 124).

de bénédiction. Le présent reste un temps où coïncident la mémoire du passé et les espérances pour l'avenir. Non pas le futur humainement prévisible en prolongeant l'histoire actuelle, mais l'à-venir, ce que Dieu fait surgir de nouveau au titre de son alliance : « Les premiers événements, les voilà passés, et moi j'en annonce de nouveaux avant qu'ils se produisent » (Is 42,9) ; « Le Seigneur créé du nouveau sur la terre » (Jr 31,22). De même, le rituel de l'offrande des prémices récapitule les trois dimensions du temps : « Mon père était un Araméen errant (Dt 26,5)... Aujourd'hui, j'apporte les prémices (Dt 26,10)... et tu seras dans la joie » (Dt 26,11). La mémoire saute le temps. Tel est le « oui » de l'alliance.

Autre conséquence : l'acte de mémoire condense le temps en un seul instant qui en évoque l'entière profondeur. Prenons des exemples dans un autre contexte, celui des chapiteaux romans (XIe-XIIe siècles). Dans une même sculpture, l'artiste réunit des épisodes différents de la vie du Christ avec l'évocation très nette de l'eucharistie[5]. S'il est assez fréquent que l'ange de l'Annonciation présente à Marie une croix pour laisser entendre ce qui arrivera à son fils (Chauvigny, Montmorillon dans la Vienne), à Langogne (Lozère), Marie tient un calice dans sa main, tout comme le bain de l'Enfant Jésus (Poitiers, Chauvigny) rappelle la coupe de son sang. Davantage, dans une représentation de l'annonce aux bergers (Moissac, Lot-et-Garonne), l'ange porte dans sa main une hostie marquée d'une croix. À Domérat (Allier), entre l'ange et un autre personnage s'élève une colonne, signe habituel de l'Église ; or, ce personnage s'appuie fermement d'une main sur la colonne et, de l'autre main, il présente une hostie. Plus extraordinairement encore, à Rozier-Côtes d'Aurec (Lot-et-Garonne), un tympan présente, à droite, Marie assise et, devant elle, les trois rois mages. Entre eux s'élève la colonne de l'Église. Sur les genoux de sa mère, Jésus est adulte. Deux mages ont les genoux pliés et le troisième tend la main vers Jésus. Les

5. A et R. Blanc, *Les symboles de l'art roman,* Éd. du Rocher, 1998, p. 228-254.

mages ne donnent pas, ils reçoivent. Quoi ? L'eucharistie. L'un la tient en main, le second la reçoit de la main droite du Christ qui garde, en sa main gauche une autre hostie pour le troisième mage. Ils communient. Dernier exemple, à Langonnet (Morbihan), le Christ est crucifié. Mais son torse est un épi de blé ! Comment ne pas songer au grain qui doit mourir (Jn 12,24) et ressusciter (1 Co 15,37-38.43) ?

Une telle condensation du temps par les artistes romans, à la suite des auteurs bibliques, fait de la Bible un acte de mémoire, ce qui vaut aussi de la foi. La durée n'est pas évacuée, elle se centre sur le Christ qui est « le même hier, aujourd'hui et le sera à jamais » (Hé 13,8), ce qui donne une extrême importance à chaque instant.

Il est donc inévitable de trouver dans la Bible de fréquents emplois du verbe hébreu *zakar,* « faire mémoire », et de ses dérivés. Il suffira ici de rappeler les principaux usages. C'est Dieu qui se souvient en premier : de Noé dans l'arche (Gn 8,1), des hommes à qui il donne, en signe d'alliance, l'arc-en-ciel (Gn 9,15), d'Abraham (Gn 19,29), de Rachel (Gn 30,22)... À chaque occasion, cette mémoire conduit vers la vie, vers une naissance, une délivrance. La mémoire relance l'alliance ; elles vont ensemble : « Dieu entendit leur plainte [d'Israël en Égypte] ; Dieu se souvint de son alliance avec Abraham, Isaac et Jacob » (Ex 2,24). Après les manifestations de repentir de son peuple : « Je me souviendrai de mon alliance avec Jacob ; je me souviendrai aussi de mon alliance avec Isaac, et aussi de mon alliance avec Abraham ; je me souviendrai du pays » (Lv 26,42). Cette mémoire se fait promesse : « Moi, je me souviendrai de mon alliance avec toi [Israël] aux jours de ta jeunesse : j'établirai avec toi une alliance éternelle » (Éz 16,60).

Il résulte de cette permanence de l'alliance dans la mémoire de Dieu que le pardon est présenté comme le fait que Dieu « ne garde pas mémoire de tes fautes » (Is 43,25) alors même qu'Israël « ne m'a pas gardé en mémoire » (Is 57,11). Si ne pas garder en mémoire revient à pardonner (Éz 18,22), continuer à garder en mémoire équivaut à ne pas pardonner : « Ils ne se disent pas en leur cœur que tout ce qu'ils font de mal, je le garde en mémoire » (Os 7,2 ; 9,9). À l'inverse, l'homme doit garder mémoire de Dieu pour vivre (Si 51,8), car « ne pas garder mémoire » de Dieu ou de l'alliance conclue entre frères est une rébellion coupable (Am 1,9).

Fréquemment, dans la prière, on demande à Dieu de se souvenir ; l'orant se rappelle à sa mémoire, tel Tobit aveugle : « Alors, Seigneur, souviens-toi de moi » (Tb 3,3), ou Ézekias malade : « Ah ! Seigneur, daigne te souvenir que j'ai marché en ta présence avec loyauté » (Is 38,3). D'où la nature de mémorial du sacrifice, aspect important du culte du Temple : l'offrande de farine, d'huile et d'encens est un mémorial (Lv 2,2), de même l'offrande de pain (Lv 2,9), des prémices des récoltes (Lv 2,16), de farine pour le péché (Lv 5,12) ; on remarquera qu'il s'agit en l'occurrence d'offrandes végétales, donc non sanglantes. Raphaël présente la prière de Tobie et de Sarra : « C'est moi qui ai présenté le mémorial de votre prière en présence de la gloire du Seigneur » (Tb 12,12), et le Siracide parle de « l'encens et [du] parfum en mémorial » (Si 45,16).

Qu'on présente en mémorial des offrandes non sanglantes, cela pose question. Ce qui a été dit sur le sang qui est la vie éclaire ce phénomène. Tout animal offert en sacrifice doit être pur. Avant de le placer sur l'autel, le prêtre doit le saigner et faire couler son sang. L'animal sacrifié est ainsi vidé de son sang, de sa vie. Il est donc offert mort, en état de manque, et c'est cet état de manque qui appelle, afin de le combler, un surcroît de vie que la divinité accorde si elle exauce la prière. Le sacrifice fonctionne sur un vide, en créant ainsi un appel de vie. Mais le présent végétal intègre, pur d'un contact avec le sang, indemne de tout vide, peut s'offrir en acte de mémoire intégral, ainsi que l'entend Malachie : « En tout lieu, un sacrifice d'encens est présenté à mon nom, ainsi qu'une offrande pure, car grand est mon nom parmi les nations » (Ml 1,11)[6]. À condition, bien sûr, que le mémorial se place dans la fidélité à Yahvé : « On fait un mémorial d'encens, mais c'est pour bénir une malfaisante idole » (Is 66,3 ; *cf.* 57,8). C'est le sacrifice de l'homme juste qui est un mémorial agréé (Si 35,6).

Les offrandes ne sont pas les seuls signes de mémoire : le « mémorial » présente une réalité symbolique entièrement consacrée à rappeler à Israël l'alliance avec Dieu et à le soutenir dans la marche de sa fidélité. Plus qu'un signe extérieur, simple indication pour se souvenir, le mémorial scande la vie d'indices de ce qui la soutient et l'amplifie : l'union avec Dieu. On note ainsi que des réalités matérielles servent de mémorial : l'arc-en-ciel (Gn 9,16), des stèles d'alliance entre tribus ou celles placées dans le lit du Jourdain (Jos 4,7), les deux pierres précieuses sur l'éphod du grand prêtre (Ex 28,12), ou encore le butin pris à l'ennemi (Nb 31,54) et l'impôt pour le sanctuaire, « mémorial de la rançon de nos vies » (Ex 30,16). Une rançon, car si les premiers-nés appartiennent à Dieu (« tout ce qui ouvre le sein maternel est à moi. Ainsi, de tout ton troupeau, tu feras l'occasion de ton mémorial... » : Ex 34,19), Israël est le premier-né (Ex 4,22) au service de Dieu. Le sabbat (Ex 20,8) et surtout la Pâque (Ex 12,14) constituent des actes de mémoire.

Ainsi, l'ensemble de la vie d'Israël – le temps, l'espace, sa croissance et ses succès – porte la marque d'une alliance qui irradie sa puissance vivificatrice. En ce sens, vivre consiste à se tenir devant Dieu, dans l'attitude du père Abraham le croyant (Gn 18,22), en un acte de confiance fondamental. De ce fait, l'existence est conduite à s'établir dans la mémoire, c'est-à-dire dans la foi. La relation avec Dieu commande les rapports entre les hommes : le traité de paix entre Judas Maccabée et Rome sert de mémorial (1 M 8,22). Le petit reste sauvé de l'exil représente un mémorial

6. Cette phrase est reprise dans la Prière eucharistique 3 : « ... et tu ne cesses de rassembler ton peuple, afin qu'il te présente partout dans le monde une offrande pure », c'est-à-dire le Christ, comme sacrifice non sanglant.

pour tout Israël, en signe du salut offert à tous (Ba 4,5). Dans le Deutéronome, la loi est rattachée à la mémoire de la servitude en Égypte dont Dieu a délivré son peuple (Dt 5,15). Le peuple entier sert de mémorial à l'attitude de Dieu envers l'humanité ; c'est ainsi qu'il est un signe au milieu des nations (Is 66,19). L'unique peuple reçoit une vocation universelle, l'un est pour tous. Ce fait éclaire une dimension importante de l'eucharistie.

« En mémoire de moi »

À la Cène, le Christ n'enjoint pas de faire mémoire de Dieu, mais de lui-même. D'après l'interprétation la plus courante, il évoque par ces mots ses propres gestes de se livrer et de répandre son sang. Et, bien entendu, tel est le sens qui se présente en premier : le Christ ne s'est-il pas offert « une fois pour toutes » (Hé 9,28) ? Certes. Toutefois, il reste à comprendre ce que signifie le pronom « moi ». Le problème est le suivant (et il n'est pas mince) : entendre l'impératif du Christ comme ne concernant que le seul moment de sa Pâque risque de tout concentrer sur l'événement unique qu'il est le seul à vivre, mais qui, en ce cas, absorberait les autres aspects de l'existence du Christ. Que le Fils soit venu pour cette heure-là (Jn 17,1)[7], que l'eucharistie récapitule son existence en cette pointe où, saisissant sa vie, il la dépose de lui-même (Jn 10,18) n'entraîne pas que le reste ne soit que préparation plus ou moins lointaine, introduction somme toute plus ou moins secondaire à un instant crucial. L'eucharistie ne saurait disqualifier les autres actions du Christ, elle s'enrichit au contraire de leur valeur et de leur contenu. Autrement dit, en toute rigueur de termes, la foi ne se réduit pas à la seule annonce du kérygme (cette annonce succincte de la mort et de la résurrection), mais, s'appuyant sur lui, elle se fonde sur le déploiement du kérygme dans l'ensemble de la vie du Christ et

7. « Le Fils prie le Père de la glorifier, et le Père ne dédaigne pas d'être glorifié par son Fils ; cet échange de gloire, donnée et reçue, proclame donc l'unité de puissance dans le Père et le Fils » (Saint Hilaire, *La Trinité*, III, 12, Paris, Desclée, 1981, p. 106).

pour toute la vie du croyant. Les résumés trop condensés disent l'essentiel. Ils cachent, ce faisant, d'autres aspects importants. La réduction, la focalisation sur la seule Cène – ou la seule eucharistie – nous fait peut-être oublier que le Christ n'est pas seul (« Je ne suis pas seul, car le Père est avec moi » : Jn 16,32) et qu'il donne sa vie « pour la multitude » (Mc 10,45). Son « moi » est communautaire, sinon l'eucharistie servirait subrepticement un individualisme religieux dont certaines piétés ont fait le cœur de leurs ardeurs.

Il importe donc d'équilibrer la signification donnée à ce « moi » par un examen des rapports entre l'eucharistie et le *baptême,* non pas simplement parce qu'il faut être baptisé pour pouvoir communier, mais parce que le contenu du baptême interprète l'eucharistie. Les rapports s'orientent en deux directions, selon la contribution même de l'acte de mémoire.

Au début de sa vie publique, Jésus vient au jourdain. Jean y travaille afin de constituer pour Dieu « un peuple bien disposé » (Lc 1,17). À l'endroit du « passage » du fleuve par les Israélites au sortir de l'Exode, à Béthabara, Jean baptise Jésus. Aussitôt s'accomplissent sur Jésus les promesses, le ciel s'ouvre (Is 63,19). La Voix depuis longtemps silencieuse le désigne comme le Fils (titre d'Israël), l'Esprit qui a constitué le peuple vient sur le Christ sous la forme de la colombe, l'emblème du peuple de Dieu. Jésus prend sur lui les promesses et il est le germe d'un Peuple élargi. Non seulement sa généalogie traverse les siècles depuis Adam, mais il ouvre la participation à ce Peuple aux pécheurs et aux publicains (Mt 9,13), même aux habitants du Levant et de l'Occident (Mt 8,11).

Ainsi situé au carrefour d'une lignée historique qui accueille des gens venus de toutes les nations, et d'une géographie qui déborde les limites du royaume de David, Jésus se rend solidaire des générations et des peuples. Il assume la nature humaine – incarné, il est la vivante mémoire du monde devant Dieu et devant les hommes. « Voici l'homme », dit symboliquement

Pilate, le représentant d'un pouvoir qui prétendait s'étendre à tout le monde connu (Jn 19,5). Car l'incarnation est un envoi : le Fils la reçoit, il ne la revendique pas comme une prise. Le monde qu'il accueille devient sa chair.

Dans l'autre sens, le baptême fait d'un homme une création nouvelle « l'être ancien a disparu, un être nouveau est apparu » (2 Co 5,17). Le chrétien y devient « un même être » (Rm 6,5) avec le Christ par sa plongée dans la mort en vue de ressusciter avec lui. Par cet acte unique, un homme est régénéré, sa vie est enfouie en Christ (Col 3,1-3). Il est mis en possession de l'Esprit, devient fils adoptif du Père (Rm 8,15) et participe à la vie trinitaire (2 P 1,4). Par le même baptême, les chrétiens, « membres les uns des autres » (Rm 12,5), forment le Corps du Christ. L'Église naît du baptême. Par là, le Christ saisit toute l'humanité, il en inaugure la récapitulation par cette part humaine qui, déjà, par avance, a espéré en Lui (Ép 1,12).

Le baptême plonge l'homme dans l'eau vive dont le Christ est la source. Parmi tant de témoignages sur les eaux sorties du côté du Christ en croix qui deviennent fontaines vives, je retiens celui de Fauste de Riez : « Lorsqu'une chose se transforme intérieurement en une autre, lorsque la créature inférieure, par un changement invincible, se transmue en une nature meilleure, le baptême de la seconde naissance s'accomplit. Les eaux sont changées tout à coup, elles qui plus tard doivent changer les hommes » *(Homélie 5, pour l'Épiphanie).*

Des circonstances historiques ont conduit à la célébration privée de baptêmes pris un par un, essentiellement à cause de la peur de mourir sans être baptisé, à la suite des positions rigides d'Augustin. Peu à peu, l'eucharistie a envahi la quasi-totalité de l'espace public des offices. Les messes en l'honneur des saints, devant leurs reliques, puis, dans le sillage de Cluny, les messes pour les morts se sont multipliées, entraînant l'ordination d'un nombre impressionnant de prêtres. Ordonnés *ad missam* (pour la messe), sans autre ministère, ils ont pris tout naturellement la place des « prêtres » familiaux des anciens cultes celtes. Avant le concile de Trente, la petite ville de Bourganeuf (Creuse), d'environ 2 000 habitants, comptait quelques 230 prêtres « messiers » (qui célébraient uniquement la messe), soit à peu près un prêtre pour 9-10 habitants, sans compter le curé officiel. Au XVIIIe siècle, pour une population avoisinant 25 000 habitants, Poitiers et ses abords comptaient 300 prêtres, séculiers et réguliers... Quand on parle de manque de prêtres, quelle situation prend-on comme référence ? Ensuite, la restauration anti-protestante a exalté l'eucharistie comme signe d'appartenance catholique. Ce n'est que récemment que le baptême commun a été vraiment pris en considération.

En reportant sur l'eucharistie l'essentiel de la vie chrétienne, on minore l'importance du baptême, qui est aussi un acte de mémoire. On méconnaît en particulier que, puisque nul ne naît chrétien mais le devient (Jn 1,13), ce sacrement, en symbolisant la mort en Christ par l'immersion dans les eaux, effectue une rupture avec le milieu naturel. Il rompt le fil implicite des générations et établit un temps de latence afin de se relever, par la profession de foi, dans la vie trinitaire. Il n'y a pas de transmission sans rupture, sans ce « vide » qui unit à l'oblation du Christ. Mais en ce dépouillement du vieil homme pour revêtir l'homme nouveau créé selon Dieu (Ép 4,22-24), le fidèle est habité par un autre : le Père et le Fils font en lui leur demeure (Jn 14,23)[8] ; il est temple de l'Esprit.

Être habité par un Autre revient à garder sa Parole. Celui qui place cette Parole en l'homme, c'est l'Esprit : « Il fait mémoire en vous de tout ce que je vous ai dit » (Jn 14,26). Dans le croyant, il rappelle la Parole, en ouvre la compréhension. La réponse en est cette « obéissance de la foi » qui commence (Rm 1,5) et clôt

8. « Ah ! si je pouvais être bon, je fournirais au moins un terrain en moi au Fils de Dieu, et lorsqu'il l'aurait reçu dans mon âme, le Seigneur Jésus y édifierait de belles constructions, il y bâtirait des murs imprenables et des tours élevées, afin de construire en moi, si je le méritais, une maison digne de lui et digne de son Père » (ORIGÈNE, *Homélies sur Josué,* 24, 3, Paris, Cerf, 1960, p. 477).

(Rm 16,26) l'épître aux Romains, car, dans le Christ, se révèle le mystère caché pendant une éternité de siècles et maintenant porté à la connaissance de tous [9].

On peut donc souligner que le baptême inscrit l'eucharistie dans l'ampleur de la mémoire. Le Christ reprend les siècles qui le précèdent ; il embrasse l'univers pour le conduire au Père afin que « Dieu soit tout en tous » (1 Co 15,28) ; il pose le cadre ecclésial comme lien normal de la vie du chrétien, en sacrement d'une humanité réconciliée. Sans le respect de ces dimensions, l'eucharistie tombe dans les concepts ou s'évapore dans l'affectivité [10].

La mémoire de l'à-venir

« Vous annoncez la mort du Seigneur, jusqu'à ce qu'il vienne » (1 Co 11,26) : telle est l'autre dimension de la mémoire dont il ne faut pas dire seulement qu'elle anticipe le Royaume. En effet, le verbe « anticiper » signifie « prendre par avance » : en ce sens, il rejoint une expression de l'épître aux Éphésiens concernant les chrétiens qui, déjà, sont mis en possession des arrhes de l'Esprit (2 Co 1,22) [11], donc des prémices du Royaume. Cela est très juste : le retour du Christ que chante l'anamnèse ne prolonge pas la situation de l'homme vers un futur meilleur, il offre plutôt un don, un à-venir qui s'avance vers l'homme. Toutefois, ce point

9. En répondant « Et avec votre Esprit » : « Par cette réponse, vous vous remettez en mémoire que celui qui est visiblement présent ne produit rien, que les dons qui sont là ne sont pas les œuvres de la nature humaine, mais que c'est la grâce de l'Esprit survenant et couvrant tout de ses ailes qui accomplit le sacrifice mystique » (Jean Chrysostome, *Homélie sur la Pentecôte,* I, 4, PG 50, 459).

10. D'où cette prière : « Que la grâce de cette communion, Seigneur, saisisse nos esprits et nos corps, afin que son influence, et non pas notre sentiment, domine toujours en nous » (Prière après la communion, 24).

11. « Les mystères spirituels qui nous ont été transmis en arrhes ont une grande affinité avec la corporalité véritable du Christ ; nous recevons ici-bas le corps et le sang du Christ en arrhes de la personne du Christ dont nous serons nourris spirituellement là-haut, et de la force et du soutien que nous recevons de lui, comme les membres du corps... Le Christ, comme prémices, a une affinité avec nous et avec les biens futurs » (Philoxène de Mabboug, *Homélies,* 9, 299, Paris, Cerf, 1956, p. 273).

de vue appelle deux compléments – ne serait-ce que pour donner un contenu à une espérance eschatologique dont le moins que l'on puisse dire est qu'elle n'émeut guère les chrétiens !

Le premier complément concerne un raisonnement qui effectue un classement selon un ordre successif des événements : à la mort du Christ succède la résurrection. Ainsi, à la fin des temps, se produiraient d'abord la fin de ce monde, puis l'instauration du Royaume. Or, nous avons noté que, chez Matthieu, la puissance de lumière et de vie de la résurrection se manifeste au cœur de l'oblation du Christ en croix. Plus qu'une succession (indépendamment de la manifestation temporelle), l'ouverture, l'écartèlement du corps du Crucifié montrent ce qui l'habite, ce qui palpite en lui : la vie qu'il répand. Cela est encore plus net chez Jean, où la gloire de l'amour habite et anime l'acte de se donner. Celui qui aime infiniment se donne totalement : le don de soi jusqu'à la mort révèle la gloire de l'amour. Saint Paul lui-même envisage le monde nouveau comme un sabbat, une liturgie qui éclate au cours de l'histoire. D'où le son de la trompette liturgique (1 Th 4,16).

L'eschatologie (la parole sur le but de l'histoire) arrive avec le Christ né « à la plénitude des temps » (Ga 4,4), en cette « dernière heure » dont parle Jean (1 Jn 2,18), et n'est donc pas un simple événement dans la série des jours et à leur suite, mais un avènement déjà inauguré dans le Christ. Cette logique se retrouve dans la parabole du riche et de Lazare (Lc 16,19-31). Le riche demande à Abraham de prévenir ses cinq frères. Le patriarche lui rétorque qu'ils ont déjà Moïse et les prophètes, dont le message leur demande d'aimer Dieu et son prochain. Il ajoute : « Même si quelqu'un ressuscite d'entre les morts, ils ne seront pas convaincus » (Lc 16,31). Autrement dit : pour saisir ce qu'est la résurrection, il faut avoir payé de soi afin de faire vivre un autre homme. Dans cet acte, la résurrection est à l'œuvre, même si celui qui l'accomplit l'ignore, comme le manifeste la surprise de ceux que le Christ récompense pour leurs œuvres de justice (Mt 25,37). L'eschatologie réalise le surgissement plénier, acte ancien et nouveau (1 Jn 2,7)[12], de ce qui travaille déjà l'histoire, la pèse et la juge.

Le second complément revient à l'expression paulinienne : jusqu'à ce que vienne le Seigneur, il s'agit d'annoncer – au présent – sa mort. Si on l'annonce ainsi, c'est qu'elle se produit aujourd'hui, dans cette mémoire qui rend la Pâque actuelle et qui présente la migration de l'Araméen errant. Une telle annonce suppose la résurrection. En effet, elle ne redit pas un acte du passé que croyants ou non connaissent par l'histoire, mais elle la rend présente, contemporaine en son accomplissement aujourd'hui. L'annonce effectue ce que signifie cette mort : qui donne sa vie la gagne (Mt 16,25). Ce don de soi crée un monde nouveau, il met au jour (au sens d'une naissance) et il met à jour (au sens de dévoilement) ce qu'a fait le Christ et qu'il accomplit en accompagnant ses fidèles (Col 1,24). C'est dire que la foi n'a pas pour effet de construire de belles âmes, mais, plus encore, de nous faire participer à la venue d'un monde nouveau dont les paroles de l'eucharistie (alliance, communion) et les gestes (partager, donner) forment le vocabulaire de base.

En effet, la messe ne célèbre pas d'abord notre vie, en miroir de nos événements. Elle célèbre un monde qui n'existe encore qu'en partie, afin de nous le faire ardemment désirer. Dans un monde où l'on ne se parle pas, tous entendent la même Parole ; dans un monde de violence, on y échange la paix ; dans un monde de misère et de faim, on partage le même pain… C'est ce monde-là, celui que Dieu veut pour l'humanité, que célèbre la messe. Elle fait advenir, en un lieu où se condense l'espérance, le monde que les fidèles reçoivent sacramentellement, afin de s'ouvrir à sa venue et d'en établir déjà les signes. À ce titre, la messe engage les chrétiens résolument dans l'histoire.

12. « Oui, leur ancienneté est telle que le législateur lui-même, l'Ancien des jours, vit de ces mêmes lois et en a vécu depuis le commencement. Je le sais, dit Jésus, le commandement de mon Père est vie éternelle. Si donc l'amour constitue la vie éternelle – ce qu'il est en vérité –, c'est bien de lui que Dieu vit éternellement ; oui, il vit de cet amour qu'il est lui-même » (JEAN de FORD, *Sermon 14 sur le Cantique des Cantiques*, 1, Oka, 1999, p. 168-169).

5

« Mon corps livré... »

Il est dangereux et stérilisant pour une institution d'entretenir une pensée convenue. Elle s'habitue aux commentaires indéfinis, aux répétitions scolaires. Le cadre des pensées admises favorise les querelles inexpiables entre visées tenues pour absolues, cependant unanimes à repousser toute vraie nouveauté. L'installation vaut possession.

C'est ainsi que s'est imposée la définition de l'homme comme « animal raisonnable ». Son plus grand mérite consiste à cumuler une somme importante d'inconvénients. Passons sur la prétention pour une école philosophique de définir l'homme, comme si elle pouvait se tenir à la fois juge et partie, en pleine objectivité. C'est toujours l'homme qui dit qui il est, et l'acte de se décrire échappe à la définition.

Plus concrètement, cette prétention permet d'en rester à quelques évidences qui s'imposent vite de toute la force de leur assurance. La « raison », occidentale bien sûr, juge souverainement. Elle conduit à isoler ceux dont l'expression logique ne concorde pas avec la rationalité dominante. Elle crée des asiles. Surtout, elle peine à comprendre d'autres cultures ayant leur logique propre. À l'aube du XIVe siècle, le médecin Arnaud de Villeneuve comparait les peuples noirs à des singes, avec une sexualité bestiale. Maïmonide parlera, à leur sujet, d'« animaux irrationnels[1] ». La raison hiérarchise les humains.

1. Cité dans *L'histoire*, n° 306, février 2006, p 36.

Surtout, le dualisme, qui met en opposition le corps et l'esprit, introduit des séparations que démentent les faits. Car la question reste de savoir comment s'unissent un corps et une âme pour composer une personne. Les phénomènes psychosomatiques déjà pressentis par les philosophes de l'Antiquité ne rendent pas compte de l'imbrication des deux éléments. Ils en restent à une influence réciproque qui peut s'exercer déjà entre deux voisins. Au Ve siècle, Synésios de Cyrène avançait l'idée de l'intervention d'un troisième terme pour unir le corps et l'esprit : « La divinité a fait du plaisir une cheville de l'âme, au moyen de laquelle elle supporte la présence continuelle du corps » (*Dion,* 6,4)[2]. Nous étions alors dans les dernières clartés de l'hellénisme. Le futur évêque de Cyrène reprend à son compte le dédain du corps, cette enveloppe, cet instrument, cette prison où choit l'esprit : « En vérité, on pourrait tirer profit de la vertu afin de se libérer du penchant pour la matière, mais on a besoin aussi de s'élever. Il ne suffit pas de ne pas être méchant : il faut aussi être un dieu. Il semble que cela consiste à peu près, dans le premier cas, à se détourner du corps et de tout ce qui est corporel ; dans le second cas, à se retourner par l'intelligence vers Dieu » (Synésios, *Dion,* 9,9)[3].

Cette dernière citation explique le mépris du corps, qui est bien antérieur au christianisme, avec ses deux conséquences logiques : soit tenir le corps en grande contrainte par une rigoureuse ascèse, auquel cas le corps devient le lieu de la tentative de le nier ; soit, puisqu'il est vil et méprisable, tenir pour nulles toutes les licences qu'il permet. Ce n'est pas pour rien que les périodes de calamités ou d'épidémies connaissent également des orgies : le corps en danger provoque la mort en explosant de vie. Tout cela est très connu : on ne sort pas du corps.

Plus intéressante se révèle la première citation de Synésios. En effet, il a clairement perçu que l'esprit et le corps réclamaient

2. Synésios de Cyrène, *Opuscules,* I, Paris, Les Belles Lettres, 2004, p. 156.
3. *Ibid.,* p. 165.

un troisième terme, une « cheville » pour tenir ensemble. Sinon, dans sa logique, qu'est-ce qui pousserait l'âme à rester si longtemps mariée à ce douteux compagnon ? Il lui faut une attache, une agrafe, en un mot le plaisir *(hédoné)* qui la réjouit et la charme. Le terme désigne ce qui est agréable (la même racine donne « suave »). C'est montrer que, pour le nier, le combattre ou l'aduler, l'esprit prend dans le corps un agrément – ce que la psychanalyse reconnaît. Le dualisme se révèle donc – on s'en doutait – une réduction, donc un faux dualisme chargé d'occulter une relation indispensable.

Il devient alors remarquable que la première encyclique de Benoît XVI, *Dieu est amour*, commence par reprendre cette question. Loin de nier l'éros qui peut s'imposer à l'homme (§ 3), le christianisme « n'a en rien refusé l'éros comme tel, mais il a déclaré la guerre à sa déformation destructive, puisque la fausse divinisation de l'éros, qui se produit ici, le prive de sa dignité, le déshumanise » (§ 4). La question se précise : en effet, s'il faut prendre en compte l'éros, donc le plaisir selon le vocabulaire de Synésios, c'est que l'union des composants permet à l'homme de devenir pleinement lui-même : « Ce ne sont ni seulement l'esprit ou le corps qui aiment : c'est l'homme, la personne, qui aime comme créature unifiée, dont font partie le corps et l'âme » (§ 5). Loin de replier la personne sur elle-même, cette unification l'ouvre à la rencontre, à la relation : « L'amour devient maintenant soin de l'autre et pour l'autre » (§ 6). Donc, ce que le pape avance ici n'est rien de moins que la priorité du mouvement qui entre en relation, « l'être pour » les autres. Plus que simple instrument ou expression d'un rapprochement, le corps est la relation qui constitue la personne. Il établit donc la distinction entre l'individu, abstraitement isolé, et la personne abordée à partir de ses relations.

Ces notations rejoignent les approches contemporaines de l'homme : être pour le monde, être pour le temps, et être-pour-la-mort. Poussons plus loin ces réflexions. Michel Henry distingue le « corps intérieur » que saisit le psychisme de l'homme, le « corps extérieur » des relations sociales et le « corps objectif » qui récapitule les deux autres tout en débordant leur addition. Il excède en amont par le don de la vie et, en aval, par l'impossibilité de récapituler les influences, les capacités et les possibilités à venir. Le corps relie et il reste ouvert à bien plus qu'aux relations identifiables. En cela, il reste mystère entouré d'ombre[4].

Deux remarques pauliniennes

Ces dernières réflexions rejoignent la culture sémitique dans laquelle saint Paul a été formé. Il est clair qu'à ses yeux il ne convient pas de mésestimer le corps, sinon l'action du Christ devient très difficile à présenter. L'Apôtre a été victime du dédain dans lequel le monde grec enfermait le corps : prêchant à Athènes, il s'est attiré l'ironie de l'assistance en annonçant la résurrection, laquelle signifiait, aux yeux de ses auditeurs, réintroduire une âme dans un corps qu'elle avait eu le bonheur de quitter (Ac 17,32). À l'inverse, il n'arrête pas de parler du corps du Christ qui nous sauve du corps de péché (Rm 6,6). Deux remarques suffisent ici, l'une sur l'anthropologie paulinienne, l'autre sur les relations entre l'Esprit et le Corps.

L'anthropologie paulinienne envisage l'homme non pas comme un composé de trois éléments – corps, âme et esprit –, mais selon trois points de vue différents dont chacun appréhende l'homme tout entier selon un aspect particulier. La première épître aux Thessaloniciens se termine ainsi : « Que le Dieu de la paix vous sanctifie lui-même tout entiers et que tout votre être – esprit, âme et corps – soit gardé sans reproche pour l'Avènement de notre Seigneur Jésus-Christ » (1 Th 5,23). Plutôt que de voir l'homme comme l'assemblage de trois éléments dis-

4. « Le Corpus de l'Histoire est un corps – dont la chair est langage, paroles vives et mots écrits –, et comme tout corps il est opaque, et donc projette une ombre » (Sylvie Germain, *Magnus*, Paris, Albin Michel, 2005, p. 260).

tincts, le texte envisage trois manières de considérer l'homme, correspondant à trois manières d'être homme.

La première saisit l'homme tel qu'il se présente au monde : sa taille, sa corpulence, son allure. C'est le corps manifesté par les relations avec son environnement. Saint Paul l'appelle aussi la « chair ». Ce mot a été aussi mal compris que le « monde » chez saint Jean. Pour le quatrième Évangile, le monde est ambivalent : il désigne la création, et très particulièrement l'humanité que Dieu aime au point de lui envoyer son Fils (Jn 3,16). Mais la création peut se replier sur elle-même, ne pas s'ouvrir à l'Envoyé, auquel cas le monde se prend à haïr le Christ (Jn 15,18). La valeur du monde dépend donc de son ouverture ou de sa fermeture au Fils. De même, la chair n'est pas d'abord à envisager à partir d'une opposition avec l'âme, au point de s'identifier à la sexualité présentée comme ce qui est le plus éloignée de la sphère éthérée de l'âme. D'ailleurs, les Évangiles rapportent que ce qui souille l'homme, ce n'est pas son corps, mais son cœur (Mc 7,20-21).

Pourtant, dira-t-on, l'épître aux Galates oppose la chair et l'esprit : « entre eux, il y a opposition » (Ga 5,17)[5]. Attention ! Paul oppose ici le corps et l'esprit, sans mentionner, si l'on peut dire, l'intermédiaire qui est l'âme. En effet, la liste des fruits de la chair comporte des fautes qui ne dépendent pas directement du corps : la magie, les haines, la jalousie, les animosités...

Le corps désigne donc l'homme dans ses relations. Cela conduit la première épître de Jean à parler de ce qu'on a vu, entendu et touché du Verbe de vie (1 Jn 1,1), c'est-à-dire l'humanité de Jésus telle qu'elle se présentait aux hommes. Le corps est exposé à un danger : se contenter des apparences, se plier aux influences sociales, faire corps avec des pratiques publiques, sans

5. « Puisqu'il n'y avait rien de commun entre la chair et la vie spirituelle, ou plutôt que la première était hostile à la seconde et lui faisait la guerre..., une chair fut inventée contre la chair terrestre : une chair spirituelle ; une chair se soumet à l'esprit et lui vient en aide contre la loi du péché » (Nicolas Cabasilas, *La vie en Christ,* IV, 32, Paris, Sources chrétiennes, I, 1989, p. 293).

distinction particulière. Le corps se mêle à son entourage, il s'y fond. Dans la fameuse expression de saint Augustin sur la « masse damnée », ce qui est coupable est bien le fait d'être « une masse » indistincte, impersonnelle, sans séparation donc sans vocation. On comprend qu'un Évangile qui apporte le glaive (Mt 10,34) [6] insiste sur cette séparation d'avec un corps social constitué d'habitudes et d'évidences pour dresser une distinction fondatrice, celle de la personne.

Toutefois, comprendre le corps comme étant le lieu des relations sociales permet de saisir aisément comment Paul passe du corps individuel, où chacun mêle son apparence aux certitudes collectives, à un corps de communion, l'Église, où les chrétiens sont « membres les uns des autres » (Rm 12,5). Les mentalités de son milieu de naissance y portaient d'elles-mêmes. Avec, cependant, une distinction fondamentale, celle du baptême qui greffe chacun sur le Christ. On pourrait dire que le baptême fait passer de la situation de l'individu perdu dans la foule à celle de la personne reconnue et appelée d'un nom nouveau ; ou encore que l'homme passe de la masse au Corps du Christ par le signe de renaissance qu'est le baptême.

À cette première approche de l'homme par son corps s'ajoute un autre aspect : l'être perçu dans sa composante intellectuelle ou, plus exactement selon un terme moderne, dans sa dimension culturelle. Tel est le rôle de l'âme, qui prend tout l'homme dans cette conception d'un monde psychique. L'homme « psychique » (1 Co 2,14) se coule au sein de l'air du temps, il flotte selon les courants d'opinion. La première épître au Corinthiens le décrit (1 Co 2,12-14) comme suivant l'esprit du monde, parlant un langage enseigné par l'humaine sagesse, tenant pour folie et refusant ce qui vient de l'Esprit de Dieu : « Il ne peut le connaître » (1 Co 2,14). Matthieu (Mt 16,23) et Marc (Mc 8,33) relatent

6. « Il a rompu l'unanimité que faisait l'impiété, il a proclamé la vérité ; il a brisé la funeste unanimité pour la remplacer par la bienfaisante union des cœurs » (Théodoret de Cyr, *Sur Isaïe*, 19, 3, t. 2, Paris, Sources chrétiennes, 1982, p. 131).

que Jésus reproche à Pierre d'avoir des vues qui viennent des hommes et non de Dieu. Pour Paul, cet homme psychique reste du côté du corps et n'apporte aucune nouveauté.

Alors l'Apôtre envisage « l'homme spirituel » (1 Co 2,15)[7], c'est-à-dire une humanité renouvelée, recréée (2 Co 5,17) par l'Esprit Saint. L'Esprit qui a ressuscité le Christ vient dans un homme pour susciter un fils de Dieu. Cet homme devient alors un « corps spirituel » : le premier Adam était un être psychique, le Christ, dernier Adam, donne la vie de l'Esprit : « On sème un corps psychique, il ressuscite un corps spirituel » (1 Co 15,44). Dès lors, les deux manières d'être homme, la manière corporelle et la manière psychique, sont transfigurées dans l'Esprit.

L'anthropologie paulinienne découle d'une théologie de l'Esprit, le Christ donnant celui-ci par l'offrande de sa vie. Une création nouvelle advient alors, avec un corps pétri d'Esprit. Le chrétien a dépouillé le vieil homme pour revêtir l'homme nouveau du Christ. Le corps et l'âme, ces deux aspects de l'humanité, sont placées sous la lumière du Christ.

Ces remarques ne sont peut-être pas sans importance pour tenter de comprendre le sens de « ceci est mon corps ». Auparavant, gardons précieusement à l'esprit un point commun aux trois conceptions de l'homme. Le corps de chair est relation au monde, le corps psychique est relation à la culture, le corps spirituel – la relation s'inverse – provient de la relation que l'Esprit noue avec chacun, en alliance. Le corps de chair est complice, le corps psychique est adepte, le corps spirituel appartient à une alliance sainte. C'est dire équivalemment que le corps est le symbole des relations que noue un être ou qu'il reçoit. Le symbole rattache ici un être singulier à son environnement d'appartenance : le monde, la culture, l'Esprit. Si le monde et la culture vont ensemble, comme la chair et l'âme, l'Esprit, lui, vient dans

7. « Il sait qu'il est spirituel et rempli de science, le disciple de l'Esprit Saint, de cet Esprit donné par Dieu qui est l'intelligence du Christ » (Clément d'Alexandrie, *Stromate*, IV, 25, 5, Paris, Sources chrétiennes, 2001, p. 65).

l'esprit de l'homme, déployant sa capacité à connaître les secrets de l'homme (1 Co 2,4), et il le pousse à s'interroger sur les points ultimes de l'existence.

Une fois établies les trois approches de l'humain, nous pouvons aborder la seconde remarque paulinienne, qui concerne les relations entre l'Esprit et le corps. En réalité, la première épître aux Corinthiens, qui traite de ce sujet, joint deux questions qui entretiennent plus de relations qu'il n'y paraît : celle des repas et celle de la prostitution.

Les repas, d'abord. Les règles de pureté du judaïsme et les interdits alimentaires posent aux communautés chrétiennes des difficultés apparemment insurmontables. Quand Luc écrit ses deux ouvrages, une grande avancée a déjà été faite. Ainsi, l'Évangile de Luc rapporte que le Christ recommande aux disciples qu'il envoie en mission : « Mangez et buvez ce qu'il y aura chez eux » (Lc 10,7 – ce qu'omettent Matthieu et Marc) ; les Actes décrivent comment Pierre fut préparé à rencontrer le centurion Corneille par l'invitation à manger ce que lui présentait une vision céleste (Ac 10,13) ; l'assemblée de Jérusalem décide de garder trois interdits : deux sont alimentaires et proscrivent les viandes immolées aux idoles et le sang – donc les viandes étouffées –, le troisième condamne la fornication (Ac 15,29). Les deux premiers interdits ménagent les sensibilités juives, et Paul va vite en percevoir les limites, le troisième est général. Tous concernent la question de savoir avec qui peut-on faire corps. En particulier, l'eucharistie est-elle possible entre personnes qui ne partagent pas la même table ?

Lors de l'incident d'Antioche (Ga 2,11-14), Paul s'oppose à Pierre, qui avait arrêté de prendre ses repas avec les païens « par peur des circoncis » (v. 12). C'est une hypocrisie, estime Paul, dont un disciple exposera les conséquences de sa position : « Ne prends pas, ne goûte pas, ne touche pas... Les doctrines peuvent avoir un semblant de sagesse avec leur culte volontaire, leur humilité, leur mépris du corps, mais elles sont sans valeur aucune et ne servent qu'à satisfaire la chair» (Col 2,21.23). La chair, donc l'apparence. L'auteur de l'épître aux Colossiens a bien compris la pensée de l'Apôtre. Il s'agit de quitter la superficialité des choses pour aller à l'essentiel, à la liberté donnée par le Christ (Ga 5,1).

La question des repas se pose dans la communauté (ou les communautés) de Rome: «Tel croit pouvoir manger de tout, tandis que le faible ne mange que des légumes» (Rm 14,2). Paul affirme sa conviction: «Je sais et suis persuadé dans le Seigneur Jésus que rien n'est par soi-même impur: mais si quelqu'un estime une chose impure, elle est impure pour lui» (Rm 14,14). À ce rappel des règles de la conscience, Paul ajoute ce qui, à ses yeux, constitue la norme suprême: le respect charitable des frères, de ses convictions ou de ses scrupules: «Ce qui est bien, c'est de ne pas manger de viande, de ne pas boire de vin, de ne rien faire qui puisse être pour ton frère occasion de chute. Ta conviction, garde-la par devers toi devant Dieu» (Rm 14,21-22). La règle est magnifique. Est-elle applicable avec réalisme, quand on sait que la majorité des viandes vendues au public provenait des sacrifices? Et comment célébrer l'eucharistie si l'on ne boit pas de vin? L'épître aux Colossiens voit juste: à satisfaire la chair (le corps) de convictions périmées, on s'interdit de faire un corps communautaire, au profit de l'individualisme des sensibilités ou du communautarisme des ethnies.

Pour les Corinthiens, Paul est obligé d'aborder à nouveau ce sujet qui se présente sous deux aspects. D'abord, la question des repas communautaires, qu'il développe longuement (1 Co 8-10); ensuite, celle des inégalités sociales au cours du Repas du Seigneur (1 Co 11). Ces quatre chapitres montrent l'importance que Paul attache au sujet. C'est qu'il y va de l'Église.

Sur la question des repas communautaires avec les viandes immolées aux idoles, les «idolothytes» (le verbe *thyô* signifie «offrir un sacrifice»), l'Apôtre rappelle son principe: «La science enfle, la charité édifie» (1 Co 8,1), d'où le respect du frère. Il cite son propre exemple (« Je me suis fait tout à tous » : 1 Co 9,22), il évoque l'insuffisance de la nourriture et de la boisson pendant l'Exode (1 Co 10,3-5 ; *cf.* Jn 6,49), il soutient en finale la liberté de conscience (« Pourquoi ma liberté relèverait-elle du jugement d'une conscience étrangère ? » : 1 Co10,29). Entre-temps (1 Co 10,14-22), il place son argument décisif : l'eucharistie (car, en fait, c'est elle qui est en cause) édifie le corps ecclésial du Christ. Examinons plus attentivement ce point.

L'argumentation de Paul repose sur l'opposition entre deux corps : le corps vide, creux, fait d'apparences illusoires (les idoles), et le corps réel, communautaire, du Christ. Deux corps sociaux, donc deux types de communion (« faire corps ») sont ici en contradiction. Qu'il s'agit de collectivité, au sens où chaque personne participe à la vie du groupe, cela ressort clairement de l'exemple d'Israël cité au milieu de l'explication : « Considérez l'Israël selon la chair. Ceux qui mangent les victimes ne sont-ils pas en communion avec l'autel ? » (1 Co 10,18). Partager le sacrifice de l'autel met en communion avec la divinité ainsi vénérée. Dans le cas des idoles, Paul avance deux raisons de refuser ces sacrifices : il tire la première de l'Ancien Testament, qui appelait les idoles des « vanités », des riens : « Est-ce que l'idole est quelque chose ? » (v. 19) ; et la seconde, c'est que, derrière l'idolâtrie, se cachent des démons : « Je ne veux pas que vous entriez en communion avec les démons » (v. 20). La viande consacrée aux idoles n'est donc rien : on peut manger ce qu'offre un païen (v. 27), sauf si l'hôte prévient que « Ceci a été offert en sacrifice » (v. 28). En ce cas, accepter de manger de cette viande passerait pour entrer en communion avec un sacrifice païen.

Au cœur d'un débat qui, finalement, concerne le comportement et la conscience de chacun, Paul introduit une autre dimension. Il écrit, en effet : « La coupe de bénédiction que nous bénissons n'est-elle pas communion au sang du Christ ? Le pain que nous rompons n'est-il pas communion au corps du Christ ? » (v. 16). Ces questions pourraient encore concerner chacun des fidèles pris isolément. Or, il ajoute : « Puisqu'il n'y a qu'un pain, à nous tous nous ne formons qu'un corps, car tous nous avons part à ce pain unique » (v. 17). Aux multiples idoles avec leurs sacrifices particuliers à chacune s'oppose donc le pain unique du Christ. Les idoles divisent leurs adeptes, le Christ unit les siens. Le monde païen forme une masse disparate d'idolâtres de divinités diverses, alors que l'eucharistie, qui fait participer les chrétiens à un même pain, constitue un corps particulier où la diversité est unifiée par l'unique Esprit : « Il y a, certes, diversité de dons spirituels, mais c'est le même Esprit » (1 Co 12,4). L'eucharistie et l'Esprit construisent le corps du Christ (selon une image chère aux Églises pauliniennes : Ép 4,12), car nul ne peut dire « ‹ Jésus est Seigneur › que sous l'action de l'Esprit » (1 Co 12,3).

Le corps spirituel est ainsi décrit comme une communion dans l'Esprit. La communion au pain du Christ nourrit l'Église (Ép 5,29) et ce pain réunit les divers membres du Corps du Christ (Ép 5,30) en un seul corps. L'Église est comme saisie par deux mains, celle du Christ et celle de l'Esprit. L'Esprit fait le corps. C'est ce qu'écrit l'Apôtre dans la seconde remarque qu'il expose à partir du dernier interdit de l'assemblée de Jérusalem : la fornication. Or, la première épître aux Corinthiens traite aussi de ce cas.

La relation entre la nourriture et la sexualité s'affirme nettement. Corinthe était une ville aux mœurs très libres où la prostitution avait, autour des temples, gardé une dimension de culte de fertilité. « Vivre à la corinthienne » signifiait aussi se rendre au lupanar. À propos des viandes immolées aux idoles, Paul écrit : « Fuyez l'idolâtrie » (1 Co 10,14) et pour la fornication : « Fuyez la fornication » (1 Co 6,18). Les deux injonctions sont provoquées par un proverbe que, semble-t-il, des Corinthiens aimaient à répéter : « Tout m'est permis » (1 Co 6,12 ; 10,23), auquel Paul rétorque : « Mais tout n'est pas profitable. » Une même logique s'applique aux deux cas. Si l'Apôtre n'entend rien céder sur sa liberté (1 Co 10,29), il n'entend pas davantage se laisser dominer par quoi que ce soit (1 Co 6,12). Il ajoute une comparaison éloquente : « Les aliments sont pour le ventre et le ventre pour les aliments » (1 Co 6,13 ; *cf.* Mc 7,19). Le ventre désigne la chair, le « corps pour le monde » que Dieu détruira. Il conclut : « Mais le corps n'est pas pour la fornication » (1 Co 6,13b).

Juste avant (1 Co 6,9-10), Paul avait décrit ce qu'étaient les Corinthiens avant d'être baptisés. Parmi les dix déviances qui les animaient, quatre sont de nature sexuelle. Maintenant, « vous avez été sanctifiés, vous avez été justifiés par le nom du Seigneur Jésus-Christ et par l'Esprit de notre Dieu » (1 Co 6,11). De ce fait, la personne entière, le corps qu'elle forme « est pour le Seigneur et le Seigneur est pour le corps » (1 Co 6,13c). Paul oppose donc celui qui s'unit avec une prostituée, faisant un seul corps avec elle, et « celui qui s'unit au Seigneur [, qui] n'est avec lui qu'un seul esprit » (1 Co 6,17). Comme manger une viande offerte aux idoles, publiquement et strictement, met en communion avec elles. On aura noté que s'unir à une prostituée signifie faire un seul corps avec elle, mais que s'unir au Christ engendre une communion dans l'Esprit, le corps de la régénération baptismale. Sont donc ici distingués la chair qui se prostitue, l'âme culturelle qui se croit tout permis, et l'esprit humain qui s'unit à l'Esprit. Baptisé, tout l'homme est pour le Seigneur. Mais il ne le devient que sous l'action du Seigneur qui bâtit son corps spirituel. En ce cas, l'injonction apostolique concerne, au-delà d'un cas individuel, un comportement commun. Il est donc permis de dépasser la seule morale individuelle pour y lire le comportement général du corps ecclésial. Paul conclut donc : « Ne savez-vous pas que votre corps est un temple de l'Esprit ?... Vous ne vous appartenez pas... Glorifiez donc Dieu dans votre corps » (1 Co 6,19-20).

Ces deux remarques pauliniennes, à propos des viandes sacrifiées et de la fornication, sont de grande importance pour notre sujet. Il est clair que, pour Paul, le corps authentique est le corps spirituel formé par l'Église, dont le chrétien est rendu membre par le baptême. Ce corps ecclésial s'agrège, par le baptême, de nouveaux membres qui, chacun, deviennent spirituels et qui doivent vivre en conséquence. Le corps, pour Paul, symbolise donc de quel monde relève une personne, quel est son milieu d'appartenance. Le symbole découle – tout symbole implique que quelqu'un le pose – du mouvement de la résurrection du Christ, dont l'Esprit nous ressuscitera (1 Co 6,14 ; 2 Co 4,14). *Un symbole et un mouvement,* tels sont les deux éléments constitutifs du corps – sous ses trois aspects – chez Paul : symbole du monde païen et tension vers lui (la chair) ; symbole d'une culture et complicité active avec elle (l'âme) ; symbole de résurrection par l'action de l'Esprit (l'esprit). Un même mot indique l'appartenance et l'action, la communion.

Corps ressuscité, corps livré

Ce qui précède, tiré de la pensée de saint Paul, montre combien il est difficile de parler du corps. La pensée occidentale, rivée au dualisme corps-âme, se trouve plus à l'aise, finalement, pour parler de l'âme que du corps. Devant le corps, elle est saisie d'une sorte d'arrêt : il lui faut tant insister sur sa réalité matérielle, sur son objectivité, que ce réalisme ne concerne en fait que la chair, au sens de la viande la plus neutre, donc un cadavre. Ayant transformé le corps en objet qui relie l'homme au règne animal, en instrument rétif des volontés intellectuelles et en enveloppe périssable, elle préfère la survie de l'âme à la résurrection de la chair. L'appellation « dépravation des mœurs » qu'on accolle à certains comportements (associés uniquement à la sexualité et jamais à l'argent) provient en grande partie d'une approche insuffisante et dépréciative du corps. Il est vrai que cette attitude favorise la recherche scientifique, médicale en particulier. Enfermée dans l'antagonisme entre le matérialisme et le spiritualisme, cette pensée oublie que ces deux positions n'ont de valeur que par la relation qu'on entretient avec elles [8].

Un corps sans intentionnalité est-il encore un corps humain ? Il est révélateur, à cet égard, de comparer la formule de la consé-

---

8. « Le matérialisme et le spiritualisme sont deux doctrines qu'il nous appartient, par notre manière d'agir, de rendre vraie l'une ou l'autre » (Louis Lavelle, *De l'âme humaine,* Paris, Aubier, 1956, p. 15).

cration de la liturgie dite de saint Pie V, qui se contente de dire : « Ceci est mon corps », à celle de la liturgie de Paul VI : « Ceci est mon corps livré pour vous. » Les deux trouvent leur source dans le Nouveau Testament. Il n'empêche : la première insiste sur l'objectivation du corps, afin de couper court à toute interprétation réductrice ; la seconde inclut une intention qui appartient à l'existence du corps comme symbole des relations constitutives de la personne. Ne forçons pas la différence. Prenons-la comme un indice culturel intéressant.

Le corps n'est pas une chose. Comme toute relation, il est atteint par l'attitude prise envers lui et par les réactions de son entourage. Entre ce qu'une personne veut donner d'elle-même dans son « corps-pour-les-autres » et ce que ces autres comprennent et acceptent s'étend le champ immense de l'accueil, des contresens et de l'incompréhension. Le corps est un lieu de conflits, en particulier le conflit des interprétations. Comprendre quelqu'un revient à faire confiance aux expressions du corps, à traverser la matérialité des faits afin de remonter à l'intention de la personne. Cette intention ne se perçoit que par le corps. Le corps est révélation. Il n'y a pas de corps en soi. Il fait toujours un avec le « je » qui communique[9]. C'est pourquoi il n'est jamais entièrement saisissable. Le corps est la porte du mystère. Il révèle la personne, mais en même temps la voile, l'évoquant comme toujours au-delà de ce qu'on perçoit. Il est intéressant de noter que la « viande », ce qui fait vivre, provient de la racine *ker* qui veut dire « découper ». Le corps objectif, médical, résulte d'un découpage, donc d'une partialité.

La question devient celle-ci : peut-on parler du corps eucharistique indépendamment du fait qu'il s'agit d'un corps livré et d'un corps ressuscité ? Autrement dit, en quoi l'acte de se livrer

9. « L'âme peut être solitaire ; le corps, non... Ce qui est en cause n'est pas la sexualité. Ce n'est même pas le corps. Cette façon de nommer les choses en fait des choses, précisément... La seule façon d'en approcher, d'en approcher décemment, c'est le nom propre... » (Maurice Bellet, *La traversée de l'en-bas,* Paris, Bayard, 2005, p. 126-127).

définit-il le corps du Christ ? Et en quoi la résurrection donne-t-elle la clé de la compréhension de ce corps ?

Il convient de commencer par le corps ressuscité[10], même si cela semble contredire la logique, car, historiquement, la croix précède le matin de Pâques. La réalité la plus profonde est autre : la résurrection est inscrite au cœur de la croix, et l'Esprit qui relève le Christ d'entre les morts oriente et guide aussi toute son existence terrestre, y compris l'acte de se livrer. Pour qu'il y ait mémoire, il faut un corps où elle se grave et se communique. Déjà Ézéchiel, en annonçant que Dieu changerait le cœur de pierre en cœur de chair (Éz 11,19), marque ainsi que le cœur renouvelé, capable de fidélité, découle d'une eau différente, celle de la nouvelle alliance. L'Esprit fait mémoire dans le corps des disciples de ce qu'a dit et fait le Christ (Jn 14,26). Son onction révèle le Christ dans le disciple (1 Jn 2,27).

La limite impitoyable d'un dolorisme avide de souffrances consiste à placer la résurrection en extériorité par rapport à la croix. Or, en se livrant par amour, le Christ se donne à l'amour qui l'anime et le fait vivre : la résurrection est au cœur de la croix, ainsi que l'a exposé l'Évangile de Jean. C'est la résurrection qui accueille l'oblation du Christ et en révèle la signification : retournant au Père, le Christ répand l'Esprit sur les hommes, et cet Esprit suscite un monde nouveau. Le Royaume est inauguré dans le Christ.

Ce fait commande l'approche du corps eucharistique. Que nous montrent, en effet, les récits de la résurrection ? Deux nouveautés. La première explique, à travers les récits où le Ressuscité apparaît et disparaît, qu'il *est* véritablement son propre corps. Il se communique où il veut, à qui il veut (les disciples d'Emmaüs ne le reconnaissent pas). Auparavant, l'humanité du Christ, avec les limites de tout homme (Hé 4,15), *avait* un corps présent ici et

10. « C'est en effet dans la foi en la résurrection qu'on reçoit le sacrement du pain céleste » (HILAIRE DE POITIERS, *Sur Matthieu,* 9, 3, Paris, Cerf, 1978, Sources chrétiennes 254, I, p. 207).

non là, fatigué et pesant. La communication connaissait donc les brouillages inhérents à toute relation en ce monde. Les Évangiles ne se font pas faute de le souligner. D'où les incompréhensions, même des disciples. Après la résurrection, l'acte de se rendre présent ne connaît chez le Christ aucune entrave. On peut dire qu'avant Pâque sa présence restait inévitablement partielle à cause de l'humaine condition ; après sa résurrection, elle s'atteste avec une entière liberté. Il est pure communication, et c'est ce Corps communiquant que donne l'eucharistie.

La seconde nouveauté est celle-ci : dans le vieux monde, le nôtre, celui d'avant Pâque, le corps s'impose. Il est là, plaisant ou gênant. On ne peut pas ne pas le voir, le toucher, le sentir. Sa présence n'a besoin d'aucune confiance pour s'affirmer : avec ou sans communication, le corps pèse de sa proximité. Après Pâque, dans le monde de la libre présence et de la pure communication, le corps appelle la confiance et n'est reçu qu'en elle. C'est même ce à quoi s'emploie le Christ dans ses dialogues avec ses disciples. Non pas que leur foi crée la présence. Celle-ci se donne en premier. Mais la qualité de cette présence n'est perceptible et reconnue que par la gratitude de la confiance. Le visage arrive, seul l'amour sait le déchiffrer. L'eucharistie est sacrement de la foi : « Il est grand, le mystère de la foi ! » C'est pourquoi elle est « pour nous ». « Nous » comme dans « Notre Père », ensemble. Elle est perceptible et reconnue par les croyants dont la foi discerne dans la présence eucharistique le corps livré.

Ce corps est livré. Le geste premier, au début du repas, est accompli par Jésus : il rompt le pain et le donne en partage à ses disciples. Le don découle du déchirement, de la fraction du pain par celui dont les membres ne seront pas rompus (Jn 19,33). Joue ici une opposition entre le tout entier – le corps – et le pain partagé en morceaux. L'unique s'offre à travers la « fraction du pain », le nom que portait l'eucharistie dans l'Église primitive (Ac 2,46). Donc un seul corps reçu par chacun pour que tous ne fassent qu'un corps.

En quoi le fait d'être livré influe-t-il sur le corps. Ce corps n'est pas gardé ni préservé : c'est là un message central de l'Évangile. « Qui aura gardé sa vie la perdra, et qui aura perdu sa vie à cause de moi la trouvera » (Mt 10,39). Perdre sa vie n'est pas la gaspiller, mais la donner : « Personne n'a de plus grand amour que celui qui livre sa vie pour ceux qu'il aime » (Jn 15,13). Comment le comprendre, alors que celui qui aime veut aussi rester présent et ne pas partir ? Je me souviens d'une femme dont l'enfant était tombé gravement malade. Les médecins perplexes n'arrivaient pas à poser un diagnostic. Du fond d'elle-même, cette mère a souhaité, d'une intense volonté, donner sa vie pour son fils. L'exemple est admirable. Il est vrai d'une grande et juste humanité. Pourtant, et pour le dire en tout respect, le Christ a cherché manifestement à être saisi par ceux qui voulaient l'arrêter. Les disciples ont senti croître le danger. Ils ont tenté d'en détourner leur maître, mais ils se sont fait rabrouer. Car celui-ci a pris résolument le chemin de Jérusalem (Lc 9,51). « Il a durci sa face » (Is 50,7). Plus explicitement encore : « Ma vie, nul ne la prend, mais c'est moi qui la donne » (Jn 10,18). De cette décision personnelle, le quatrième Évangile donne la raison : elle est dans la relation du Christ à son Père. « J'ai pouvoir de livrer ma vie et j'ai pouvoir de la reprendre : tel est l'ordre que j'ai reçu de mon Père » (Jn 10,18).

Nous touchons là une limite de la théologie classique. Elle affirme que le Christ est mort pour tirer l'homme de la mort du péché. C'est exact, mais elle affirme pourtant que tout acte du Christ eut été suffisant. Alors, pourquoi la mort et le corps livré ? Pourquoi les écrits de Luc insistent-ils à une dizaine de reprises sur cette étonnante obligation : « Ne fallait-il pas que le Christ endurât ces souffrances pour entrer dans sa gloire ? » (Lc 24,26) ? C'est bien ce qui est en cause en son corps livré.

Livré : le mot suppose deux actions complémentaires. À l'intérieur de la personne qui se livre se produit un mouvement d'offrande, une oblation. Il se donne pour entrer en contact, pour créer une communion. Le Christ le fait avec une souveraine aisance. Il se consacre tout entier à cette offrande (Jn 17,19). Le terme « consécration » appartient au vocabulaire liturgique du temple. La passion, chez Jean, se déroule comme une liturgie souveraine. Jésus officie, au point que, répondant : « Je suis » aux gardes venus l'arrêter, ce mot si fort, si divin, les fait tomber à terre en un prosternement involontaire, mais plein de sens (Jn 18,6). À la générosité de l'offrande du Christ correspond une intimité avec son Père et avec les disciples qu'il lui a donnés : « Pour eux je me consacre moi-même, afin qu'ils soient, eux aussi, consacrés en vérité » (Jn 17,19). Alors ils pourront être envoyés comme le Christ l'a été (Jn 17,18).

À ce geste d'offrande correspond l'acte de prendre. Le corps livré devient le corps saisi, pris, auquel les mains des hommes font tout ce qu'elles veulent. Un corps contraint ne dit rien, il est objectivé. Les gardes pensent s'amuser avec cette chose qu'est leur prisonnier, et ils miment une parodie de sacre royal. Parodie plus juste qu'ils ne le pensent. Le corps torturé, vendu, subit le rejet. Les mains qui le prennent ne l'accueillent pas. La torture qui vise à faire parler le prisonnier est une activité mensongère. Le Christ se tait, à la surprise générale. Son refus de parler est une parole, celle de celui qui, pris par violence, garde intacte sa volonté de se livrer : « Au moment d'entrer librement dans sa Passion... » (Prière eucharistique 2).

Le corps livré réunit ainsi deux significations extrêmes. D'un côté, il devient une chose, un objet ridiculisé, conditions humiliantes dans lesquelles le Christ entre volontairement. De l'autre, il garde son intention radicale de revenir vers le Père. Il trace son « exode » (Lc 9,31 – à la Transfiguration) du plus creux de l'inhumanité, comme tant d'autres humiliés [11], jusqu'au cœur du Père. C'est à travers ce chemin qu'il se livre en son corps.

11. À Toulouse, Dom Hélder CÂMARA disait (*Le Monde,* 17 juillet 1981) : « Des fidèles sont venus me chercher, au comble du désespoir. Un voleur avait pénétré dans leur église et, sacrilège suprême ! il avait fracturé la porte du tabernacle pour prendre le ciboire. En pleurant, les fidèles ont raconté comment ils avaient trouvé les hosties consacrées dans la boue, et ils m'ont demandé de célébrer une

Mais, ce faisant, il révèle en même temps la générosité de Dieu, la générosité qu'est Dieu, et le chemin de l'humanisation plénière. Celui qui aime infiniment se donne totalement : voilà ce que révèle le Christ en se livrant complètement. Le corps livré exprime Dieu. La gloire du Fils de s'en remettre totalement à son Père étincelle en cette offrande inscrite en son corps. Le don du Fils est orienté vers le Père : c'est vers lui qu'il tend[12]. Seul le Père prend en main son Fils. Notre mort, de soi, n'est pas tournée vers Dieu volontairement. Nous la recevons. La conjonction amoureuse du Verbe et du Père est unique. Elle appartient à l'une fois pour toutes des échanges trinitaires ; parce qu'en Dieu le don est total, il n'a pas à être répété. Le corps du Christ, c'est-à-dire son humanité, est élevée en Dieu où, maintenant, il siège avec le Père. Une telle gloire est un acte de résurrection, car il est élévation, glorification.

Le corps du Christ comme acte de communication, mouvement d'offrande et d'union, est doublement symbolique – en forme de croix. Il inscrit dans le corps d'humanité l'amour de Dieu pour la créature faite à son image ; en ce sens, il est le pur symbole historique de l'absolu de l'échange en Dieu. Il le symbolise en le rendant présent à notre histoire et en voilant aussi la profondeur insondable du mystère de Dieu. L'élan vertical se dresse en médiation entre Dieu et l'humanité (1 Tm 2,5). Et il donne un symbole « horizontal », car dans ce corps est mani-

---

messe de réparation. J'ai accepté, bien sûr, et pendant cette messe je leur ai dit : ‹ Mes frères, comme nous sommes aveugles ! La découverte des hosties consacrées dans la boue nous a bouleversés. Mais le Christ dans la boue, chez nous, c'est un phénomène de tous les jours. Nous rencontrons Jésus-Christ tous les jours dans des taudis sous-humains. Réellement présent dans l'eucharistie, le Christ connaît une autre présence réelle : dans la misère humaine. › »

12. Commentant la phrase de saint Jean (10,15), « Comme le Père me connaît, moi aussi je connais le Père, et je donne ma vie pour mes brebis », Grégoire le Grand écrit : « Cela revient à dire en clair : la preuve évidente que je connais le Père et suis connu de Lui, c'est que je donne ma vie pour mes brebis, c'est-à-dire : je montre combien j'aime le Père par l'amour avec lequel je meurs pour les brebis » (*Homélies sur l'Évangile,* 14, 4, Paris, Cerf, 2005, p. 323).

festée la vocation de l'homme, l'achèvement par grâce de la création. L'humanité sait maintenant que le chemin qui conduit à Dieu la construit dans l'unité (Jn 11,52). Sur cette voie, il s'agit de marcher à la suite du Christ : « Qui prétend demeurer en lui doit vivre à son tour comme Celui-là a vécu » (1 Jn 2,6).

Telle est la tradition que, déjà, Paul a reçue (1 Co 11,23) : le pain rompu est le corps « qui est pour vous ». La symbolique (et rappelons ici que le symbole équivaut au mystère ou au sacrement ; donc le mot garde la pleine force de son sens premier) est déjà bien établie environ 25 ans après la mort de Jésus et fort loin de Jérusalem. Les destinataires de l'épître célèbrent le Corps et le Sang du Seigneur. Comment rattacher ce fait certainement accompli dans les autres Églises au geste discret fait par Jésus avec ses disciples ? Sur le moment, ils n'ont peut-être pas perçu l'importance de ce que faisait leur Maître, puisqu'en Luc leur discussion sur le pouvoir n'en est pas troublée, que Matthieu continue la liturgie juive (Mt 26,30), et que Marc, suivi par Matthieu, fait état de la forfanterie de Pierre et de l'annonce de sa trahison. C'est Jean qui, lors du débat à la synagogue de Capharnaüm, narre longuement les résistances des disciples à un tel geste (Jn 6,60), et comment Pierre fut conduit, à l'encontre de Judas, à professer sa foi (Jn 6,69-70).

L'origine est toujours perçue avec du recul. La célébration du Ressuscité a illuminé l'acte de la Cène : le corps ressuscité interprète, valide l'acte fondateur et en permet la réalisation ultérieure. Luc, dont l'Évangile a été écrit pour des communautés dispersées, a perçu la nécessité qu'un récit rattache les célébrations accomplies en mémoire du Christ à l'événement initial, qui prend alors la dimension d'acte fondateur. C'est pourquoi il a composé le récit des pèlerins d'Emmaüs. Le ressuscité inconnu qui marche avec les deux disciples déçus se fait reconnaître à la fraction du pain (Lc 24,35). Leurs yeux s'ouvrent, il est parti. Alors, en hâte, ils reviennent vers le corps des Onze et de leur compagnon. La fraction du pain, symbole dans lequel on reconnaît le Christ, conduit à l'Église[13]. Ainsi est écrite la jonction entre la mémoire du Seigneur et la Cène.

À chaque étape – le groupe des disciples, Emmaüs, la Cène –, le corps reste présent pour ce qu'il est le plus réellement : un acte de don, de communication, qui unit et transforme les disciples. Livré en son corps représenté par son Pain rompu, le Christ symbolise le même acte unique où, remontant vers le Père, il entraîne les hommes (« la multitude ») avec lui. Il s'agit bien du même Corps parce qu'il s'agit du même acte, de la même communication, de « ce Jésus », livré et vivant (Ac 2,32).

Il reste à articuler le corps ecclésial et le corps eucharistique, également donc l'Esprit et la Parole.

Édifier le Corps du Christ

Il est primordial que le Ressuscité garde les plaies qu'il a reçues, et pas seulement pour se faire reconnaître par les siens ; pour cela, il existait d'autres moyens, et les Évangiles synoptiques, ayant noté l'absence des disciples au pied de la croix, savent d'avance que ce procédé reste insuffisant. Dans l'Évangile de Luc, le Christ demande aux apôtres de le toucher (Lc 24,39). Jean, qui évite de mentionner la dispersion des disciples, parle du Christ qui montre ses plaies (Jn 20,20) : elles représentent les sources vives qui s'écoulent du Christ. La résurrection, loin d'offrir une fuite dans l'après sépulture, entre dans l'histoire comme un dynamisme qui la transfigure, par l'intérieur, d'une présence active. Tout fixisme, surtout s'il prétend immobiliser la réalité, ne tiendrait rien. Les mains trouées ne gardent rien. Le corps ressuscité se coule dans un élan, un mouvement de communication. En ce sens, ce serait une erreur de voir dans l'eucharistie un objet, une réification (transformation en chose),

13. En Luc 24, les trois réalités importantes sont l'eucharistie, l'Église et l'Écriture et non pas les « trois choses blanches » chères à une certaine piété : Marie, le pape et l'eucharistie.

et non pas un mouvement, un don qui se répand vers les hommes pour en faire des vivants.

Encore convient-il de s'entendre sur ce qu'est un vivant ! Au sujet de la liturgie, le concile Vatican II proclame : « Les sacrements ont pour fin de sanctifier les hommes, d'édifier le Corps du Christ et de rendre un culte à Dieu » (*Sacrosanctum Concilium,* § 59). Pour en rester à l'eucharistie – mais on pourrait tenir le même raisonnement pour le baptême –, la question surgit de savoir dans quel ordre devraient se réaliser les deux premières finalités du sacrement. À l'aube de l'individualisme moderne, la première communion des enfants, dite « privée », était rappelée sur les images-souvenirs comme « la première visite de Jésus dans mon cœur » : le baptême tombait ainsi dans l'oubli. Davantage, cet individualisme tendait à voir dans l'Église le résultat administratif d'une organisation (aller à « sa » paroisse) ou l'aboutissement du rapprochement de sensibilités semblables [14]. D'une manière ou d'une autre, par conviction ou par nécessité, l'Église apparaissait comme la société qui surgissait de la bonne volonté de ses membres. Elle émanait de leur addition, quelles que soient par ailleurs les protestations d'adhésion. Je me souviens d'une réunion sur la prière [15] où j'expliquais que la prière de l'Église précédait et guidait notre prière. Une assistante de protester : « Mais non ! C'est ma prière qui est première ! La prière de l'Église est le résultat de toutes les prières de chacun. » Si c'était le cas, le corps de l'Église dépendrait de l'affectivité consentante de chacun, il ne précéderait plus les personnes.

On sait combien, pour saint Paul, il existe une continuité entre le corps historique de Jésus ressemblant les siens autour de

14. Voir les deux prières après la communion : « Que la grâce de cette communion, Seigneur, saisisse nos esprits et nos corps, afin que son influence, et non pas notre sentiment, domine toujours en nous » (24) ; « Accorde-nous, Seigneur notre Dieu, de trouver dans cette communion notre force et notre joie, afin que nous puissions devenir ce que nous avons reçu : le corps du Christ » (27).

15. D'où la prière avant la communion : « Ne regarde pas nos péchés, mais la foi de ton Église. »

lui (que Paul n'a pas connu) et son corps ecclésial (« Je suis Jésus que tu persécutes » : Ac 9,5) dont il est la Tête (Ép 1,22-23) et auquel le baptême agrège les croyants. Les Actes des apôtres sont nets sur le sujet. Le Seigneur bâtit lui-même son Corps : « Chaque jour, le Seigneur agrégeait à leur groupe ceux qui étaient sauvés » (Ac 2,47). Car c'est le Christ qui se présente à lui-même son Église, la lavant et la nourrissant (Ép 5,26.29). L'Église est le Corps du Christ que nourrit et édifie l'eucharistie. De même qu'en le baptisant l'Église accueille un homme et le renouvelle par l'originalité de sa foi, ainsi, par l'eucharistie qu'elle célèbre, elle nourrit ses membres et renforce leur unité [16]. C'est pourquoi le sommet de la messe arrive quand, ayant récapitulé l'Église vivant sur terre, les défunts et les saints, avec le Christ et en Lui, elle loue le Père et le Fils.

Que ce soit déjà le point de vue de la première épître aux Corinthiens, on le voit dans ce que Paul écrit au sujet du repas du Seigneur (1 Co 11,17-33). Paul a constaté une inégalité inacceptable dans l'assemblée de Corinthe. Alors que chacun peut manger chez lui s'il a faim (v. 34), les participants, inévitablement différents (v. 19), s'empressent de manger et de boire ce qu'ils ont apporté. Les uns s'empiffrent, les autres restent affamés. De ce fait, le repas, loin de réunir les membres, accentue leurs inégalités. Les résultats sont catastrophiques pour la communauté : elle se meurt (v. 30). Paul introduit ici la tradition qu'il a reçue au sujet du Corps du Seigneur. Ce Corps célébré unit en lui ceux en qui il vit : le corps eucharistique ne peut être séparé du corps ecclésial. Or, le Corps eucharistique était manifestement reconnu par tous, puisque tel était précisément l'objet de la réunion. Donc, l'Apôtre demande de veiller à ne pas manger ou boire « indignement » (v. 27), car « celui qui mange et boit mange et boit sa propre condamnation, s'il n'y discerne le Corps » (v. 29).

---

16. « Tel est le sacrifice des chrétiens : à plusieurs n'être qu'un seul corps dans le Christ. Et ce sacrifice, l'Église ne cesse de le reproduire dans le sacrement de l'autel qu'elle offre et où elle est elle-même offerte » (saint AUGUSTIN, *la Cité de Dieu*, X, 6, 1, Paris, Desclée de Brouwer, BA. 34, p. 449).

Quel Corps ? Celui, ecclésial, du Christ. Communier à l'eucharistie indépendamment du Corps ecclésial constitue, pour Paul, un traitement indigne. C'est prendre le Corps eucharistique et ignorer ou diviser le Corps ecclésial pour lequel l'eucharistie est célébrée.

Tels seront l'attitude et l'enseignement de saint Augustin : « Si tu veux savoir ce qu'est le Corps du Christ, écoute l'apôtre dire aux fidèles : ‹ Vous, vous êtes le corps du Christ et ses membres › (1 Co 12,27). Puisque donc vous, vous êtes le corps du Christ et ses membres, c'est votre mystère à vous qui est placé sur la table du Seigneur ; c'est votre mystère que vous recevez. C'est à l'affirmation de ce que vous êtes que vous répondez : ‹ Amen ›, et votre réponse est comme votre signature. On vous dit : ‹ Le corps du Christ ›, et vous répondez : ‹ Amen. › Soyez donc membres du corps du Christ, pour que soit vrai votre amen » (*Sermon* 272)[17]. Cette théologie est déjà ébauchée chez Clément d'Alexandrie : « ‹ Et le pain que je donnerai, dit-il, c'est ma chair › : soit que cette chair soit celle qu'il donne, par l'eucharistie, à celui qu'il nourrit ; soit, mieux encore, que cette chair soit son corps, qui est l'Église[18]. »

Ces références suffisent. Il convient d'en tirer quelques conséquences.

Dans l'adage « l'eucharistie fait l'Église et l'Église fait l'eucharistie », le verbe « faire » n'a pas le même sens. L'eucharistie fait l'Église au sens où elle la construit, l'édifie dans l'amour du Christ donné aux fidèles qu'il unit en son corps. L'Église fait l'eucharistie au sens où elle la célèbre, au sens plus précis encore où le Christ la saisit pour l'offrir à son Père.

Ensuite, le corps ecclésial né au baptême a besoin d'être uni au Christ pour célébrer l'eucharistie dans l'Esprit. Cette exis-

---

17. Traduction du P. Meersch, *Le Corps mystique du Christ,* Bruxelles, l'Édition Universelle, 1935, I. II, p. 115.

18. Clément d'Alexandrie, *Extraits de Théodote*, Paris, 1970, Sources chrétiennes, p. 85.

tence ecclésiale ouvre l'accès au repas où le Christ invite à sa table. « Celui qui est dans l'unité de ce corps, c'est-à-dire dans l'organisme dont les chrétiens sont les membres, et c'est le sacrement de ce corps que les fidèles qui communient ont coutume de recevoir de l'autel, de celui-là seul on doit dire qu'il mange le corps du Christ et qu'il boit le sang du Christ[19]. »

Enfin, se souvenant de la condition fraternelle que pose l'Évangile de Luc pour reconnaître la résurrection (Lc 16,31), on trouve, sous la plume du père E. Pousset, la réflexion suivante :

> Avant d'avoir à entendre et à accepter : « Ceci est mon corps », il faut s'être entendu dire : TU ES MON FRÈRE, et s'être prononcé sur la vérité d'un mot risqué devant la mère et les frères de l'intéressé. C'est oui ou c'est non. C'est parole qui dit le vrai, QUI EST, ou c'est « manière de parler ».
>
> « Celui-ci est mon frère, ma sœur, ma mère. »
>
> « Ceci est mon corps. »
>
> La vérité de l'une est CONDITION de la vérité de l'autre. La mesure de la vérité de l'une est MESURE de la vérité de l'autre[20].

L'Esprit faisait le lien entre le corps historique du Christ, son corps ecclésial et le corps eucharistique. Une parole doit être prononcée (pour le baptême : Ép 5,26). Parole efficace, car dite dans l'Esprit qui re-dit, donc rend présent, ce que le Christ a dit (Jn 16,13). Dans l'Église, la Parole soufflée par l'Esprit, ce Verbe qui circule, fait corps par son mouvement de don. Manger et boire les paroles, les recevoir comme nourriture vive, leur obéir (ouïr) dans la foi pour en faire la Vie de sa vie, cela constitue le corps de l'Église. Elle accueille cette nourriture comme le Corps

19. Saint AUGUSTIN, *La Cité de Dieu,* 21,15,2. Saint Augustin a inspiré saint THOMAS D'AQUIN, *Commentaires de saint Jean,* 969, Paris, Cerf, t. 1, p, 415.

20. E. POUSSET, *Il leur dit : « Ceci est mon corps »,* Paris, Centre Sèvres, polycopié, s.d., p. 33.

qui l'unit, la tient en communion et la nourrit. L'Esprit rend la Parole radicale parce qu'il en anime la mémoire[21].

Mais comment comprendre que, malgré la conception de l'eucharistie comme union du Christ et de l'Église, on en soit arrivé à tant les distinguer ? Sans retracer toute l'histoire de cette large distinction, je préfère saisir un instant précis, celui où, sans doute, elle naît le plus manifestement. Je m'arrête donc un moment sur le pontificat d'Alexandre III (1159-1181).

Théologien mais surtout légiste, longtemps chargé à la curie pontificale de l'administration et de la diplomatie, le cardinal Roland Bandinelli a connu comme pape beaucoup de difficultés. Élu difficilement au siège de Pierre (il avait d'abord refusé), il dut faire face, à deux reprises, à un schisme ayant à sa tête un pape qui s'opposait à lui (le second, celui de Victor IV, dura 18 ans). Il combattit les mouvements cathares et vaudois. Surtout, son pontificat connut une lutte incessante contre l'empereur Barberousse (1155-1190), au point qu'il a vécu 10 ans exilé en France. Par des conciles locaux et surtout par celui, œcuménique, de Latran III (1179), il organisa la réforme amorcée par saint Grégoire VII (1073-1085), s'occupant même de détails concernant des paroisses.

L'ambition d'Alexandre III était d'arracher l'Église des mains des princes pour la remettre entre celles des clercs. Pour lui, le spirituel se distingue du monde ordinaire de la féodalité, il le domine, le régente par ses interventions. La liberté de l'Église était fondamentale et ne souffrait pas discussion et encore moins diminution. Le hiatus nécessaire entre les deux domaines (souligné par une signification renouvelée de la tiare papale) mérite attention. Car il comporte un coût : celui d'entraîner l'eucharistie dans la sphère du spirituel, géré par des clercs, donc

21. « Eu égard à la prière faite sur lui, conformément à notre foi, il [le pain] devient utile et produit la claire vision de l'esprit qui discerne ce qui est utile ; et ce n'est pas la matière du pain, mais la parole prononcée sur lui qui profite à qui le mange d'une manière qui ne soit pas indigne du Seigneur » (ORIGÈNE, *Homélie sur saint Matthieu,* XI, 14, Paris, Cerf, 1970, Sources chrétiennes 162, I, p. 347).

de l'éloigner de la vie du peuple chrétien. La distinction entre le pouvoir d'ordre (celui de consacrer) et le pouvoir de gouvernement (régir le peuple) se dessine plus nettement. L'Église, répandue dans tout l'Occident, apparaît alors comme composée d'un corps particulier, un corps distinct du peuple. Une sainte société se lève face aux sociétés civiles. Du coup, l'eucharistie relève de la seule autorité du prêtre, dont le statut est tiré vers le haut par le service qu'il rend et le style de vie qui en découle. Cette tendance diminue la participation de la communauté qui, bientôt, en sera réduite à simplement assister et venir voir. L'honneur rendu à l'eucharistie entraîne une promotion du prêtre ; les deux sont liés.

L'hiatus ira en se renforçant. C'est contre lui que s'élèveront les réformateurs de la Renaissance. Pour mieux affirmer la position catholique à l'encontre des réformes, cette situation sera accentuée. Un antiprotestantisme simplificateur trouvera dans le refus de ne rien prendre aux réformateurs la légitimité de ses raideurs. Jusqu'à Vatican II…

Or, quand il n'était pas encore Alexandre III, Roland Bandinelli employa, le premier, le terme technique de « transsubstantiation ». Le mot fut avancé pour répondre aux objections de ceux qui voyaient dans l'eucharistie une image, une figure de la Cène, mais non pas, en rupture avec la tradition, l'exacte présence du Christ. À vrai dire, il se peut que la pointe du débat portât sur le rôle de la foi du croyant dans le rapport au sacrement. J'y reviendrai dans le chapitre sur le sacrifice. En attendant, il est permis de se demander si le futur pape donnait au terme le sens précis qu'il prendra un siècle plus tard. En effet, en 1215, l'étude de la philosophie de la nature d'Aristote fut, par exemple, proscrite à l'université de Paris, qui se trouvait encore sous l'autorité romaine. Il n'est peut-être pas avéré que Roland Bandinelli donnait à l'acte qui transformait du pain au Corps du Christ un sens plus aigu que celui, déjà traditionnel, de changement réel, vrai, profond, un peu comme nous disons que l'adjectif « substantiel » désigne une réalité solide, sérieuse, voire abondante et nourricière. S'il convient de se méfier des anachronismes, il reste que le mot était lancé et promis à un avenir considérable.

L'avantage de ce terme consiste à souligner le changement radical qui s'effectue : le pain n'est plus là, mais bien le corps du Christ. Saisis « par en-dessous », le pain et le vin gardent leurs apparences mais changent de réalité, changement que perçoit et vénère la foi (déjà saint Thomas faisait remarquer qu'une souris qui grignoterait une hostie consacrée ne communierait pas). Il y eut peu de tentatives pour proposer une autre explication. Il est vrai que l'opinion commune laisse peu de marge à la recherche. Deux explications avancées n'allaient pas au fond du problème.

L'une parlait de « transfinalisation » : ce mot complexe signifie que le pain est traversé (trans) par une finalité nouvelle, venue de l'Esprit, c'est-à-dire que le pain, dont le but est de nourrir, reçoit une destination nouvelle, une finalité spirituelle. L'autre, la « transsignalisation », indiquait que, transpercé par une présence nouvelle, le pain signalait plus que sa qualité nutritive, il signalait le don du Christ. Un exemple était souvent avancé, celui du cadeau qui change le sens d'un objet en fonction d'un nouvel objectif qui en fait un présent. La limite de ces deux positions tient en ce que, le pain restant ce qu'il est en lui-même, malgré une orientation ajoutée, elles ne rendent que partiellement compte de la volonté du Christ de se donner lui-même, tout entier. Le changement eucharistique du pain au corps reste insuffisamment indiqué.

Or, la théorie de la transsubstantiation prend soigneusement en compte le changement induit par la parole du Christ. L'explication séduit par sa clarté. À la suite d'Aristote, dont l'influence grandit pendant le XIIIe siècle, saint Thomas d'Aquin reprend la distinction entre la « substance » et les « accidents ». Les accidents concernent les qualités d'un objet : taille, poids, couleur... Ce qui apparaît et qui aurait pu être autrement (plus grand, plus gros...). Mais aussi ce sans quoi la substance resterait indécelable. Car la substance (ce qui se tient dessous les apparences et les « sous-tient ») constitue le principe qui permet à une réalité d'exister et de se tenir par elle-même. Dans l'eucharistie donc, par la volonté du Christ qui en détient la puissance créatrice, s'opère un acte qui, tout en gardant les accidents, change la substance du pain en substance du corps du Christ[22]. Cette doctrine fut entérinée par le concile de Trente (en 1551) et reprise par le *Catéchisme de l'Église catholique* (n°s 1376-1377).

La difficulté ne provient pas du vocabulaire. Le mot « substance » désigne aujourd'hui un produit chimique, mais chaque science se dote de son vocabulaire. Déjà pour saint Thomas, le pain n'était pas une substance, mais un conglomérat qu'il appelait une « quasi-substance ». Il reconnaissait aussi que, parmi les trois sortes de mouvements, l'eucharistie à elle seule représentait un genre particulier, donc que c'est elle qui avait conduit à une nomenclature faite pour elle. Cette présentation particulière isole le Corps du Christ de l'Église, en ce que le changement s'arrête avec l'hostie consacrée. En cela, cette présentation dépend de l'époque où elle est née. Elle conduira donc logiquement à une piété eucharistique qui consiste à contempler l'hostie plutôt qu'à la construction du corps ecclésial. L'objectivité sociale de l'Église entraîne une objectivation de l'eucharistie. À la distinction qu'on faisait entre le monde et l'Église en tant que société correspond un hiatus croissant entre

22. « L'Église a créé le terme ‹ transsubtantiation › pour désigner le processus par lequel l'entière substance et seulement la substance se change en la substance du corps et du sang du Christ. On a besoin d'un mot spécial pour indiquer un processus qui est unique et sans égal. Lorsqu'elle enseigne que les espèces restent inchangées, l'Église indique que leurs propriétés physiques et chimiques restent celles du pain et du vin. Non seulement elles pèsent le même poids et elles apparaissent identiques, mais elles gardent la même valeur nutritive que celles qu'elles avaient avant la consécration. Il serait inutile d'essayer de démontrer ou de réfuter la présence réelle en recourant à des expériences physiques, parce que la présence du Christ est spirituelle ou sacramentelle et non physique, au sens de mesurable » (cardinal Avery Dulles, *30 jours*, 9-2005, p. 58-59).

l'eucharistie et l'Église. Il est vrai que presque toute la population européenne était alors catholique : l'Église était un fait établi. De cet hiatus est née une étonnante législation qui unissait l'obligation de la messe dominicale à celle d'une communion annuelle. On ne saurait séparer l'utilisation que l'on faisait d'Aristote et l'environnement social dans lequel on se trouvait, avec les incidences inévitables sur la présentation de la foi. Un premier mouvement consacrait donc le pain en Corps du Christ. Un second élan de piété conduisait à communier peu souvent. Une théologie eucharistique érodera lentement la théologie de l'Église[23].

Le Corps parlant

La première question à se poser est celle-ci : qu'est-ce donc qu'un corps ? On ne peut plus présupposer la réponse, comme si le corps n'était qu'une chair animée, réduite au rôle d'enveloppe ou de prison, d'instrument à dompter. La réalité se montre plus complexe. C'est une culture typée qui l'envisage de manière aussi étroite, oubliant la tradition biblique aussi bien que les approches contemporaines. Se servir de la dualité corps-âme comme base exclusive ne fournit pas un chemin assez large. Ainsi, les mentalités actuelles, si elles acceptent l'immortalité de l'âme, négligent la résurrection de la chair pourtant inscrite dans la profession de foi. C'est probablement parce que le corps est méconnu que, réduit à un objet, on se permet d'en faire n'importe quoi. L'éloignement du corps de l'homme va de pair avec une moindre attention au corps social, l'Église.

Le corps est plus qu'une substance isolable. Il ne peut être séparé de la personne ni de son environnement. Il personnalise et relie : en cela, il « parle », à la fois comme expression cons-

---

23. Lors de la querelle de la séparation de l'État et des Églises, la transsubstantiation fut « la cible favorite des esprits forts, qui [l']estimaient particulièrement choquant[e] pour la logique » (Jérôme Grevy, *Le cléricalisme ? Voilà l'ennemi*, Paris, Armand Colin, 2005, p. 53).

ciente et inconsciente du sujet, et comme relation stratégiquement conduite et subie avec le monde. En tant que lien, il unit la personne – quel que soit son état de santé ! – avec son entourage. C'est pourquoi le corps est une réalité symbolique ayant un mouvement, une dynamique.

Le symbole n'est pas une réalité amoindrie, mais une « surréalité », c'est-à-dire qu'il dépasse ce qu'on en voit ou ce qu'on en touche (mais qu'il faut quand même voir et toucher). Le symbole dépasse la réalité par des liens constitutifs à d'autres réalités.

Il n'est pas inutile, ici, de rappeler que le Christ incarné constitue le sacrement de la rencontre de l'homme avec Dieu[24]. L'Église est décrite par le concile Vatican II selon la logique sacramentelle[25]. Elle vit en effet « dans le Christ ». Dans l'Évangile de Marc, la scène du baptême du Christ (1,7-11) met face à face Jean-Baptiste et Jésus. Jean cherche à préparer un peuple purifié : il vise une restauration par une purification dans l'eau. Il retourne au désert (Os 2,16) pour un exode renouvelé. Sur Jésus, les cieux s'ouvrent (Is 63,19), l'Esprit vient sous le signe de la colombe, l'emblème du peuple de Dieu. Le Fils unique reçoit toute la faveur. À cet instant, le Christ constitue en sa personne tout le peuple de Dieu : il récapitule l'espérance, il ouvre un temps nouveau. Il est en son corps l'Église entière. En se livrant, seul, à la croix, il noue l'alliance nouvelle et éternelle. Dans un même acte, il offre à la fois son corps et l'humanité ; Jésus instaure en même temps son corps livré et l'Église offerte. Les deux sont inséparables. Certains Pères de l'Église sont allés logiquement jusqu'à parler de l'Église co-offerte avec le Christ et co-sacramentelle en lui. Car l'Église n'est pas une lointaine conséquence de sa venue, mais elle appartient à son incarnation

24. C'est le titre d'un livre d'E. Schillebeeckx, *Le Christ, sacrement de la rencontre de Dieu*, Paris, Cerf, 1960.

25. « L'Église [est] dans le Christ en quelque sorte le sacrement, c'est-à-dire à la fois le signe et le moyen de l'union intime avec Dieu et de l'unité de tout le genre humain » (Constitution dogmatique sur l'Église, 1).

comme le corps vivant du Christ qui continue à parler et à se communiquer. Le même Esprit qui condense, au baptême, les promesses sur le Verbe incarné les déploie à la Pentecôte sur toute chair. Telle est la vie dont le Christ est la source (Jn 12,50).

Source de vie, donc nourriture. C'est pourquoi le verbe « être » dans « ceci est mon corps » n'a pas le même sens que dans « Je suis la lumière du monde » (Jn 8,12)[26]. La nourriture pénètre celui qui la prend. Elle devient sa propre vie sans redevenir ce qu'elle fut : elle fait corps. Le sens du verbe « être », au-delà de l'ontologie, désigne cette action transfigurante de don, d'unité et d'envoi. Exactement comme le « je suis » prononcé par Dieu envoie Moïse en mission de la part du Dieu des pères.

En disant cela, sauve-t-on le véritable avantage de la transsubstantiation ? Rappelons que ce changement n'est pas physique, mais qu'il est reçu dans la foi. Il ne dépend pas du croyant qui daignerait y reconnaître le signe du Christ, mais il dépend de l'initiative du Seigneur. Le croyant ne peut être vivifié que si l'unique médiateur lui donne sa personne et sa vie. Tel est bien le cœur de la foi. Ce point est décisif, sinon on quitte le monde du sacrement pour tomber dans celui du signe[27]. Tout symbole est posé par celui qui en est maître (ici, le Christ) et est reçu dans la confiance : il n'est pas un contrat commercial, mais un engagement réciproque (la foi reconnaît – « Amen » – et reçoit). Celui qui pose le symbole, le sacrement, grâce au ministère du prêtre, le fait dans un Esprit et en dévoile le sens par une parole. La parole orale indique ce que fait le corps, le corps exprime ce que dit la parole. L'union et la vérité du corps et de la parole dépendent de l'Esprit qui les anime. L'Esprit qui ressuscite le

---

26. Voir la remarque très pertinente de R. Sublon sur les rapports entre l'être et le corps : « ‹ Ceci ›, ce pain, à l'instant où je parle, est ‹ mon corps ›. En cet énoncé apparaît le sujet de l'énonciation. ‹ Ceci › n'est pas ‹ le › corps, corps mort, chair muette, mais mon corps en train de dire ‹ Ceci est mon corps › » (R. Sublon, *Menteur et prophète*, Paris, Desclée de Brouwer, 1984, p. 109).

27. Un signe reste extérieur à l'objet qu'il indique. Le sacrement touche à l'intime de ce qu'est cet objet qu'il unit à une Présence.

Christ accrédite son corps en tant que parole de vie. Manger cette parole est recevoir le corps spirituel, donc sa vie. Recevoir ce corps, c'est devenir parole envoyée par l'Esprit. L'acte du Christ reste totalement présent dans cette communication. Le pain, en tant que nourriture, devient corps vivifiant parce qu'il est saisi par l'Esprit pour être livré : c'est Dieu qui se donne vraiment.

Pour le dire autrement : c'est parce qu'il est réellement communicant que le pain devient corps, vraie présence du Ressuscité. De lui-même, le pain offert par un homme signifie le partage de la vie : je veux que tu vives comme je vis. Ici, le Christ est acteur de ce don, et le pain devient le vecteur de ce don. Par l'Esprit, acte et corps coïncident, car l'acte de la résurrection donne au Christ son corps vivant. Au centre de l'eucharistie se tient le surgissement pascal.

La théorie de la transsubstantiation ne disait pas autre chose, en insistant moins sur la résurrection. Le changement de substance intégrait certes la résurrection, mais de manière collatérale et non comme acte constitutif. On dira peut-être que la substance du corps du Christ paraît plus réaliste, plus réelle même, qu'un acte. C'est oublier que saint Thomas avait perçu la nécessité d'un mouvement particulier, donc d'un acte. Le corps est mouvement. Le corps ressuscité est acte, c'est-à-dire l'origine d'un dynamisme, un acte unique qui se rend présent en chaque eucharistie, sans faire nombre entre elles. La théologie classique insiste davantage sur la puissance créatrice pour appuyer le changement des substances. Son réalisme ne va cependant point jusqu'à faire oublier l'acte de la foi qui reconnaît et reçoit. Avec le souffle de l'Esprit qui le ressuscite, le Verbe surgit et l'Esprit redit ce que le Verbe a dit : il existe un lien intérieur entre la liturgie de la Parole et la liturgie eucharistique. Le Fils dit ce qu'il fait et fait ce qu'il dit. Le Verbe dépasse les mots, il circule dans l'espace et le temps. Il se condense dans ces paroles décisives : « Ceci est mon corps livré. » Parole et acte coïncident pour la présence offerte. C'est dire, par conséquent, que présence et sacrifice vont ensemble. Car il s'agit aussi de montrer comment le changement du pain au Corps du Christ constitue, au sens propre, un sacrifice sans lequel il n'y a pas de présence. Le sacrifice doit être interne au changement et l'établir comme présence active.

6

En alliance pour vous…

Beaucoup de présentations de l'eucharistie, après bien des approches savantes, en arrivent à buter sur le « mystère ». Il importe cependant de situer correctement le mystère. Les explications le placent généralement au cœur ou au terme de leurs arguments : une mécanique plus ou moins théologique avoue ses limites. La liturgie chante : « Il est grand, le mystère de la foi ! » Au temps où la messe était dite en l'absence du peuple, cette exclamation avait été introduite au milieu des paroles de la consécration. On l'entend habituellement comme la foi prenant le relais, face au mystère, de ce que la logique explicative n'arrive plus à cerner. Ici s'arrêterait le raisonnement et commencerait la foi. Bien entendu, il se produit quelque chose de cet ordre, mais cette présentation ne rend pas exactement compte de l'élan introduit par le mystère tout au long de la liturgie. Cette présentation décide de son point de départ, du lieu où l'intelligence parait s'arrêter, un peu à l'image d'un bateau qui relaie sur mer le trajet terrestre d'un train ! Surtout, une telle explication présente le mystère comme une vérité abstraite où l'intelligence n'entre pas, ce qui constitue une approche très restrictive du mystère.

En effet, à l'exclamation « Il est grand le mystère de la foi ! », que répond l'assemblée ? Elle ne proteste pas de son incapacité à comprendre, elle ne s'abîme pas dans l'abdication, elle fait mémoire – anamnèse – d'actes du Christ, donc de sa personne : sa mort, sa résurrection, sa venue dans la gloire. Autrement dit, le mystère auquel elle croit et qu'elle reconnaît ici écrit l'histoire de l'Alliance donnée par Dieu. Celle-ci s'inscrit dans l'histoire des hommes et les incite à y entrer. La foi proclamée insiste sur la proposition scellée dans le Christ de vivre cette Alliance.

En outre, les présentations habituelles de l'eucharistie appuient le passage des arguments à la foi, finalement le fait de la présence du Christ, sur la toute-puissance créatrice de la parole divine : Dieu dit et cela fut (Gn 1,3). Ce genre de réflexion change de référence : il passe de la croix à la création, ce qui demanderait plus de commentaires. Surtout, il interdit tout débat : qui oserait nier la puissance de Dieu ? Comme l'appel au miracle, le fonctionnement mécanique de la Parole plonge peut-être dans l'adoration, mais dans une adoration qui, loin d'élever l'homme avec son intelligence, le saisit sans elle. Cette réflexion assèche la compréhension et enflamme l'émotion. Elle courbe les têtes, mais favorise mal cet hommage lucide et libre qu'affectionnait tant Péguy.

Loin de moi l'idée de récuser l'adoration, de refuser le mystère ! Simplement, je ne pense pas que la réalité soit directement saisie par des renoncements hâtifs. Ceux-ci objectivent trop la présence du Christ, laissant supposer qu'une personne est objectivement présente comme une chose. Il se peut que ces attitudes ne soient pas sans rapport avec la soumission au père, à la personne qui fonde le sur-moi : perpétuel enfant, l'homme n'existerait que par le déni de ses capacités. Ainsi entendue, la création n'aurait plus rien à voir, finalement, avec l'énergie d'une Parole qui, en la lançant dans l'existence, la consacre au dialogue, à l'alliance. Des historiens ont noté combien certaines formes et certaines attitudes du culte eucharistique s'apparentaient aux hommages qu'on rendait au souverain, dans les cours royales. Les fastes princiers n'émancipent pas.

Le plus grave, en réalité, n'est pas là. Il consiste à aborder la présence eucharistique par une logique opposée à l'oblation de la croix qu'elle est sensée rendre présente. Car, justement, à la croix, la Parole ne se donne pas pour toute-puissante. Déjà le livre de la Sagesse (Sg 12,18) distinguait entre la puissance de Dieu que les hommes envisagent souvent comme l'agrandissement absolu de la leur, et la toute-puissance qui corrige une puissance aveugle. De même que Dieu n'est pas simplement autre que nous, mais qu'il est le Tout-Autre, c'est-à-dire qu'il est autrement que nous imaginons l'altérité, ainsi sa puissance diffère-t-elle radicalement de la nôtre. Elle ne se résume pas à pouvoir faire n'importe quoi.

L'Évangile de Marc éclaire ces remarques fondamentales. Il commence par préciser qu'il relate « l'Évangile de Jésus, le Christ, le Fils de Dieu » (Mc 1,1). Au baptême, qui arrive presque au début du texte, le ciel s'ouvre enfin (le souhait d'Is 63,19), et la Voix depuis si longtemps silencieuse (« Il n'y a plus de prophète » : Ps 74,9) déclare publiquement : « Tu es mon Fils, mon Aimé, en toi est ma joie » (Mc 1,11). Cette admirable reconnaissance paternelle est « aussitôt » suivie par une expulsion (tel est le sens du verbe grec) : l'Esprit pousse Jésus au désert – il y a une idée de violence. Au désert, parmi les bêtes sauvages, non domestiquées et dangereuses, mais servi par les anges, Jésus fait face à la tentation. Marc ne mentionne aucunement les trois tentations énumérées dans les Évangiles de Matthieu et de Luc. Au-dessus des animaux menaçants, au lieu de la mort, mais reconnu par les anges, le Fils affronte une tentation nue : *la* tentation. Sur quoi porte-t-elle, sinon sur cette existence filiale ?

La même situation se retrouve lors de la crucifixion. Jésus crie : « Mon Dieu, mon Dieu, pourquoi m'as-tu abandonné ? » (Mc 15,34). Est-il Fils, cet homme abandonné, impuissant, condamné ? Le Père n'intervient pas, son silence permet à son Fils de déployer une filiation sans limites. L'espace de la confiance envahit jusqu'à la mort. On est loin de notre idée humaine de la puissance, et le visage de Dieu ne dessine en rien les contours d'un monarque.

Remarquons au passage comment le romantisme qui exalte la douleur a créé un art particulier de dolorisme triomphant, de royalisme et de sang. Dans le Crucifié planait l'ombre du roi décapité : le péché à expier n'était-il pas la révolution ? Faute de pouvoir terrestre, il restait à magnifier la souffrance, ce qui constitue encore une logique de la puissance, avec, parfois, des relents de punition, voire de vengeance. Il faut soigneusement veiller à éviter les transcriptions religieuses d'ambitions politiques. De même que des empereurs byzantins favorisaient l'arianisme parce que sa structure de pensée inégalitaire et monarchique soutenait leurs visées, ainsi la dévotion eucharistique voisina parfois avec des mentalités fort engagées dans des courants terrestres.

Présence : être là ou s'offrir ?

Contrairement à une idée reçue, la présence n'est pas une notion simple ! Il reste cependant aisé d'expliquer, par un exemple très ordinaire, où se tient la difficulté.

Vous êtes dans le train. Un autre voyageur s'assied à côté de vous. Lui êtes-vous présent ? Oui et non. Parce que vous occupez la place voisine de la sienne, votre corps est indubitablement là, au sens dont nous avons déjà parlé d'une « chair » visible, manifeste. Mais vous, vous lisez le journal, vous avez envie de dormir, vous désirez regarder le paysage. En ce sens, vous êtes bien là, mais sans être vraiment présent. Physiquement voisin, mais réellement ailleurs. Présent sans lui être présent. Comme vous dites à votre secrétaire : « Je ne suis là pour personne. » La « chair » ne constitue pas une présence. Elle la porte mais ne la fait pas.

Maintenant, supposons que, pour une raison ou une autre, un contact s'établisse avec ce voisin. Une conversation se noue, vous découvrez des intérêts communs. Alors, vous quittez votre mutisme, vous vous détournez du paysage, vous vous arrachez à votre sieste, *pour vous rendre présent*. En un mot, vous vous arrachez à votre monde, vous renoncez à vos projets et vous vous mettez à l'écoute, vous entrez en contact. Autrement dit, vous sacrifiez votre tranquillité et vous vous présentez à cet autre voyageur. Votre corps fait présence, il se met en mouvement vers l'autre, il symbolise cette neuve attention.

Voisinage et proximité ne désignent pas la même attitude. On peut être voisin sans être proche. La proximité naît d'un rapprochement, d'une décision. C'est bien ce qu'indique la parabole du bon Samaritain (Lc 10,36). Le prêtre et le lévite passent auprès du blessé sans être réellement présents. Le Samaritain se fait proche et, pour cela, il entre en proximité, modifie son parcours, charge le blessé sur sa monture. Il paie de sa personne et de ses deniers, et même se porte garant de possibles dépenses. Donc, il sacrifie temps et argent : prendre soin, c'est prendre l'autre sur soi [1].

Quand on parle de « présence eucharistique », de quel type de présence parle-t-on ? S'il s'agit simplement d'être là, il y a certes une présence, mais objective, distante ; ce qui n'empêche nullement qu'un spectateur s'enflamme et fantasme comme devant une affiche. Imaginons, en gardant le même exemple, que le voyageur qui prend le siège à côté de vous soit une accorte et jolie personne : vous pouvez rester extérieurement impassible et, intérieurement, partir dans des rêves qu'elle provoque, où elle est présente comme fantasme, sans aucune participation de sa part. On ne peut quand même pas envisager la présence eucharistique comme un prétexte à libérer des exaltations individuelles. La présence sous la forme d'« être là » conduit à l'indifférence ou à l'émotion évaporée, mais il n'y a pas communication, car il ne se produit aucun contact entre les deux personnes pourtant « présentes ». Elles ne sortent pas de leur quant-à-soi pour se présenter à l'autre. Sans cette sortie de soi, ce sacrifice, pas de présence.

---

1. C'est ce qu'explique Levinas : « J'ai essayé de définir [la proximité] autrement que par un espace réduit qui séparerait les termes que l'on dit proches. J'ai essayé de passer de la proximité spatiale à l'idée de la responsabilité pour autrui » (E. Levinas, *De Dieu qui vient à l'idée,* Paris, Vrin, 1998, p. 129).

Dans la parabole du bon Samaritain, le blessé accepte d'être aidé. Il ne peut vraisemblablement pas se comporter autrement. Il donne au moins ce qu'il peut offrir : l'acceptation de se laisser faire...

Si l'on commence à percevoir ce qui constitue une présence par offrande, à la différence d'un simple être-là, on devine que la vraie présence est corporelle, au sens d'acte posant un symbole. Pourquoi une présence authentique est-elle symbolique ? Remarquons immédiatement qu'une présence trop forte pèse sur l'autre, l'enlace, l'écrase, l'étouffe. Trop de présence tue la présence : elle abuse de l'autre et elle retombe alors dans l'opacité asphyxiante de l'être-là. C'est dire qu'une présence authentique, par offrande, se situe entre deux excès. D'un côté, elle dépasse le voisinage, l'être-là par absence de contact ; de l'autre, elle évite la pesanteur excessive d'un don de soi tellement lourd qu'il en devient une insupportable assiduité. L'être-là est une présence par défaut ou par excès. La présence vraie se situe en équilibre entre les deux, à juste distance (« à un jet de pierre » : Lc 22,41). Elle joue donc avec l'absence, avec la délicatesse de l'espace. Donc avec le symbole.

N'est-ce pas exactement ce qui est en jeu dans le récit des disciples d'Emmaüs (Lc 24) ? Le Christ ressuscité est bien là, marchant entre les deux disciples, mais incognito. Et heureusement que leurs yeux étaient empêchés de le reconnaître (Lc 24,16), sinon c'en était fini de la relecture des événements de Jérusalem à la lumière des Écritures ! Écrasés par l'évidence, leurs cœurs n'auraient pas eu le temps de s'embraser. La force de la présence externe aurait pris la place délicate de leur cheminement intérieur. Auraient-ils invité le Ressuscité à leur table ? L'absence de reconnaissance fait mûrir le désir ; en cela, elle appartient à la présence.

Les voici maintenant tous les trois à table. De même que le retour de la lumière, à la neuvième heure, coïncide avec la mort du Christ, la fraction du pain, cette présence partagée entre eux, se produit à l'instant où disparaît le Christ. Il laisse un acte comme présence et s'en va : « Il est bon pour vous que je parte » (Jn 16,7)[2]. Parce que s'établit une présence entre eux, une « inter-présence » (donc un corps), les deux disciples courent rejoindre les autres. Le Christ absent se rend présent dans le partage. Question d'Esprit : en effet, il semble bien que le mot hébreu *ruah* (le souffle, l'Esprit) désigne aussi le juste espace entre deux tentes. Trop près, elles se gênent ; trop loin, elles ne se protègent plus. Pour que la présence soit authentique, c'est-à-dire selon l'Esprit, il doit y avoir du « vide » en elle. En cela, elle est nécessairement symbolique, puisqu'elle évoque et présente une personne dont nul ne peut faire le tour, s'emparer et tenir comme un objet. Toute personne est présente en tant que mystère inaliénable, donc saisie uniquement de manière symbolique. Par là, la personne concerne éminemment le corps.

Le sacrifice comme présence

Passer de l'« être-là » à la présence, de la présence-objet à la présence-sujet, demande de sortir de soi, un sacrifice, c'est-à-dire un acte qui déplace l'attention pour la consacrer à la rencontre. Présence et consécration vont ensemble. N'est-ce pas pour ses disciples que le Christ se consacre à son Père (Jn 17,19) ?

Mais le terme « sacrifice » a mauvaise presse. Et pour bien des raisons. La première concerne l'usage actuel du mot. Un objet sacrifié est un objet bradé, dont on se débarrasse. On vend à des prix sacrifiés, cassant le vrai tarif, pour écouler les surplus. Et consentir des sacrifices revient à faire des concessions, en envisageant de gagner quelque chose en finale. Le mot n'est pas rare. Son usage social ou commercial indique une moins-value, une perte calculée, une réclame marchande. Le sacrifice prolifère au

2. « Toux ceux qui veulent être ses parfaits disciples doivent voir par là que l'humanité du Christ elle-même peut parfois leur être un obstacle, s'ils s'attachent à elle avec une délectation désordonnée. Car ils doivent suivre Dieu dans toutes ses voies, aller, par conséquent, à la divinité par l'humanité » (J. TAULER, *2e Serm.*, 4e dim. Pâques (t. II), Paris, Tralin, 1911, p. 379).

temps des soldes et des négociations. Non pas que l'objet sacrifié soit en mauvais état, même s'il a un petit défaut perceptible seulement par des yeux experts, mais il est laissé pour compte, pas vraiment dépassé, mais un peu vieilli et dévalué.

Or, l'Ancien Testament rejette véhémentement l'idée d'offrir en sacrifice des animaux dont le propriétaire ne veut plus (Ml 1,13). Le moindre défaut rend inapte au sacrifice. L'animal sacrifié, comme le prêtre sacrificateur, ne doivent présenter aucune tare. Le point est intéressant si l'on songe que le Christ offre un corps martyrisé et blessé. Le sacrifice s'accomplit normalement dans la pureté rituelle. En ce sens, ce que le langage actuel appelle sacrifice représente l'inverse de ce qu'exige l'Ancien Testament. Mais il vaut la peine de noter que, si la modernité accepte un sens dévalué, elle répugne au sens élevé du mot.

Arrêtons-nous un instant sur ce contraste. Pour les protagonistes de la Passion, le Christ est « soldé », au sens de vendu pour un petit prix et tué hors du temple, même « hors de la porte » (Hé 13,12). Cette expression, dans l'épître aux Hébreux, est introduite par un rappel du sacrifice offert pour le Grand Pardon (Lv 16) : le sang est offert dans le sanctuaire par le grand prêtre, mais le corps est brûlé hors du camp. D'un côté la vie, donc le sang, de l'autre le corps qui disparaît dans le feu. Distinction intéressante, car elle ne se retrouve pas, par exemple, dans l'épisode de la fille de Jephté sacrifiée par son père en accomplissement d'un vœu (Jg 11,38). Déjà l'Ancien Testament critiquait ce genre de pratique : Abraham ne commet pas ce geste sur Isaac. Un bélier est substitué à l'enfant. Or, dans la passion de Jésus, il s'opère une dissociation entre les violences commises sur Jésus (les acteurs ne sont pas des sacrificateurs) et sa mort en croix qu'il nomme une consécration. C'est au coup de lance, après la mort, que coule le sang (Jn 19,34)[3].

3. « Le flanc du crucifié ayant été ouvert par la lance du soldat, qu'il comprenne de quelle source ont coulé le sang et l'eau, pour que l'Église de Dieu fût arrosée tout à la foi par un bain et par une coupe » (Léon le Grand, *Tome à Flavien*, 5, Actes de Chalcédoine, Sessions III-IV, Cahiers d'orientalisme, IV, Genève, Cramer, 1983, p. 36).

Spontanément, les mentalités contemporaines réprouvent les brutalités et admirent celui qui fait le don de sa vie. On se bouscule pour les soldes, mais on préfère un habit sur mesure. Tout cela indique, plus ou moins nettement, comme une déchirure, une fente, au cœur même de l'idée du sacrifice : d'un côté un lien admirable (le sang, la vie...), de l'autre une réalité seconde rejetée ou brûlée. Le sacrifice constitue donc un tri, c'est-à-dire un choix. Pas seulement en choisissant une bête parmi son troupeau, mais, plus encore, en conférant des rôles et des sorts différents aux parties de l'animal. À l'instar du sacrifice d'alliance par Abraham, les animaux sont divisés (Gn 15,10) pour « trancher l'alliance ». Les hommes massacrent l'un des leurs, le Christ se consacre : tel est « le sacrifice qui pouvait te plaire » (Ép 5,2).

Il semblerait donc qu'une réconciliation soit possible avec le langage ordinaire. Ce qui n'est pas rien, mais au prix d'un examen attentif. L'analyse tombe alors sous le coup des questions de la psychanalyse. Là, la difficulté redouble, car la critique se durcit entre deux propositions : « Tu n'as pas le droit d'exister devant moi », et : « Je n'ai pas le droit d'exister devant toi ». Ce qui, dit autrement, revient à cet ordre impossible : « Aime-moi. » Car la distinction entre le corps et la vie, ou entre l'apparaître et l'être, se résorbe dans une concurrence entre deux personnes prises chacune en sa totalité. L'une s'impose et l'autre s'évanouit. Dans ce face-à-face, le seul rôle qui échappe à l'affrontement est celui du sacrificateur. Il paraît s'effacer devant le rite, mais en réalité celui-là le promeut comme indispensable à son accomplissement. C'est pourquoi la catégorie du sacrifice est à manier avec précaution.

Pour n'avoir pas toujours agi avec prudence, les religions ont paru exalter les sacrifices, y compris dans l'ordre moral. Les « petits sacrifices » désignaient des privations. Le sacrifice identifié à la suppression interdisait la jouissance. Ou, par un retournement logique, celui qui se privait causait la jouissance de l'autre. Il en devenait ainsi subrepticement le maître. Le pouvoir de régler le droit d'exiger des sacrifices se muait en pouvoir de se réjouir de satisfaire l'attente de l'autre. N'est-ce pas ce que, finalement, le roi Saül s'arroge le droit d'accomplir quand, sans attendre Samuel, il usurpe la totalité des pouvoirs, y compris celui de sacrifier (1 S 15,22) ?

Dans ces conditions, on comprend la méfiance à l'égard de la notion de sacrifice. Mais, outre le fait que ces excès se sont produits, ces analyses gardent une vue trop étroite de la réalité. Pour trois raisons.

Premièrement, il est fréquent d'étudier le fonctionnement du sacrifice à partir des catégories de Mauss sur le don et le contre-don. Un fidèle offre à la divinité un animal et il en espère, en retour, santé, prospérité et des biens à la mesure de la puissance du dieu. On est proche de la magie ou du mercantilisme. Plus largement, don et contre-don supposent des exigences (l'offrant détermine rarement ce qu'il doit offrir), des gestes prescrits voire des dates ou des lieux déterminés. Ils sont donc pris dans une culture qui en fixe les procédures et en donne le sens. Don et contre-don supposent une entente, un accord, donc un acte fondateur qui, scellant une alliance, leur confère une signification connue et acceptée par les partenaires. L'échange s'inscrit dans une convention fondatrice, hors de laquelle il perd sa signification. Avec Dieu, il reste nécessairement inégalitaire. Le don et le contre-don n'acquièrent leur valeur que grâce à la bienveillance de la divinité. Une ligne continue de l'Ancien Testament révèle combien Dieu ne se complaît pas aux sacrifices d'animaux (Ps 50,12-13 ; Is 1,11).

Car la question se pose ici de savoir pourquoi la divinité agréerait des sacrifices : comment arrivent-ils à la toucher ? Et comment le cœur de l'homme est-il lui-même concerné par ce qu'accomplissent ses mains ? Pour la Bible, on ne peut pas supposer que Dieu ait besoin de manger (d'où la satire du dieu qu'on doit frauduleusement nourrir : Dn 14). Dieu désire davantage la rectitude du cœur et de la conduite (Ps 50,14) : « Le sacrifice voulu par Dieu, c'est un esprit brisé » (Ps 51,19).

Or – deuxième raison –, en appeler à la rectitude d'un cœur humain tourmenté et complexe (Jr 17,9) renvoie au manque radical de l'homme : il n'est pas à l'origine de sa vie. Il la reçoit, donc il est en dette de sa propre existence. Il peut bien donner ce qu'il a, rien n'équivaut jamais à sa propre vie (Mt 16,26). L'idée du sacrifice, a-t-on avancé, naît d'une conscience malheureuse qui tente sans fin de régler sa dette. Or, cette dette n'est pas à acquitter envers ceux dont l'homme reçoit sa vie. La reconnaissance ne remonte pas le temps. Elle se manifeste envers l'autre, comme une exigence à donner de la vie, à transmettre le don reçu. Le sacrifice vise moins à boucler sur une origine inaccessible qu'à devenir à son tour origine vivifiante pour les autres. Le sacrifice ouvre une source de vie. Ainsi Cham ne peut s'identifier à la puissance paternelle, il devient esclave pour avoir cherché à la ravir (Gn 9,22-25) ; le pardon reçu féconde un pardon à donner (Mt 18,23-35) et l'amour de Dieu s'exprime par l'amour des frères (1 Jn 4,20). Le sacrifice coule en avant.

Enfin – troisième raison –, l'amour dont il vient d'être question n'est pas que rencontre, union et joie. Ou plutôt, il ne l'est qu'au prix de sortir de moi afin de consentir à l'autre comme autre et non point comme illustration de mes rêves ou de mes besoins. Là encore, l'amour sacrificiel a conduit à toutes les déviances. Mais il n'y a de déviances que par rapport à une ligne droite, une rectitude. L'autre n'étant pas moi ni l'image que je me fais de lui ou de moi, la rencontre n'est possible qu'à la condition de sacrifier, parfois péniblement, les avantages que j'escompte en tirer. L'amour me dépouille, car accepter l'autre consiste à l'accueillir comme étranger à moi-même, tout en espérant, sans pouvoir l'imposer, une réciprocité qui nous constitue partenaires. Pas d'amour sans égalité. Alors que les sacrifices ne réclamaient pas l'amour, maintenant c'est l'amour qui ne grandit que par le renoncement (donner sa vie : Jn 15,13) grâce auquel la réciprocité appelle à une plus grande générosité. Celui qui aime peut ne pas éprouver de souffrance, ne pas ressentir de renoncement ; c'est alors que, inaperçu, le sacrifice est le plus exact. D'où cette préface: «Quand [le Christ] livre son corps sur la croix, tous les sacrifices de l'Ancienne Alliance parviennent à leur achèvement, et quand il s'offre pour notre salut, il est à lui seul l'autel, le prêtre et la victime» (temps pascal, n° 5).

Certes, le Christ s'offre lui-même. Cependant, en lui, dans sa propre personne, se dévoile la distinction dont nous avons parlé plus haut. Il n'y a pas que le voile du temple qui se déchire. Le Crucifié est écartelé sur le gibet. Son sang coule de son corps (et les gestes de la messe le signifient). Il conjoint le Père vers lequel il passe et la terre où il est enfoui. Son unité touche le ciel et l'humanité: il est un pont, le médiateur. En son corps torturé par d'autres, pour son Père, en faveur des hommes, comme agneau offert volontairement, son sacrifice est à la fois un et marqué de distinctions. Il n'est pas globalisant, mais il crée une communion, selon la logique de la vie trinitaire sans laquelle il ne peut être compris et hors de laquelle il ne représente qu'une des barbaries humaines. Sacrifice unique, il est «consécration», et consécration achevée, parce qu'en reliant Dieu et l'humanité de sainte façon, il distingue (le saint est le séparé) pour mieux relier. Le Christ exclu crée la communion. On peut comparer la croix à l'étonnante circoncision qu'effectue Cippora pour «un époux de sang» (Ex 4,26). L'humanité retranche un de ses membres, mais celui-là scelle des noces éternelles en son sang, à l'heure pour laquelle il est venu (Jn 12,27), l'heure de sa gloire (Jn 17,1).

Le point décisif à comprendre ici réside dans le fait qu'avec le Christ le sacrifice change de place. Bien des critiques, même des commentateurs, négligent ce déplacement. Pour simplifier, on peut dire ceci: dans le fait religieux habituel, le sacrifice précède l'offrande. La bête désignée est saisie pour être offerte, volontairement ou par obligation. Avec l'Évangile, l'amour précède le sacrifice. C'est au nom d'un lien d'une absolue confiance avec son Père que le Christ se livre entre ses mains. Le sacrifice exprime un ardent désir de se livrer à l'amour reçu et de se laisser envahir par lui. Le psychanalyste Jacques Lacan pensait que le désir de l'autre, désir incessant mais anonyme, ratait toujours sa cible. Peut-être est-ce vrai d'un élan humain qui tend vers une rencontre. Tel n'est pas la justesse première de l'amour de Dieu qui, exprimé le premier, établit sa créature. C'est encore plus vrai du Père qui, éternellement, se donne à son Fils. Celui-ci, dans son humanité, répond totalement à l'amour du Père. Dans son corps humain, la réponse ne peut qu'être totale, puisqu'elle se veut entière jusqu'au don de soi. Ainsi « fallait-il » (Lc 24,26) qu'il livrât sa vie pour entrer dans la gloire. Il s'agit de traduire, dans une histoire d'homme, la logique trinitaire et, par là, de la rendre présente et communicable.

De ce mouvement du Fils retournant vers le Père découlent deux conséquences. La première : le contenu ultime de la croix se tient dans l'abandon absolu du Fils au Père. Les brutalités, les insultes appartiennent aux moyens historiques par lesquels le Christ mène sa vie jusqu'au bout (Jn 13,1) et révèlent ce qui gît dans le cœur des hommes. Il se dessine deux voies parallèles. D'abord celle des hommes qui ricanent au pied de la croix et qui se moquent (Mt 27,41). Leur logique sanguinaire réintroduit la violence par le moyen de l'autorité sociale. La loi chargée d'établir des règles du bien commun (*cf.* Jn 11,50) est trouée par le rejet de cet homme. Mais à ces ricanements et à ce rejet fait face l'autre voie, celle de la joie que donne le Christ : « Que ma propre joie soit en vous et que votre joie soit parfaite » (Jn 15,11).

Seconde conséquence : en présence du Christ, les disciples ne jeûnent pas (Mt 9,14-15). Quand arrive le moment du départ, le Christ jeûne de la coupe de vin, en attente du Royaume (Mt 26,29)[4]. Le jeûne trace le chemin du désir. Jésus laisse le pain

4. « Mais à quoi tendent ces propos ? À nous faire comprendre ce que nous avons expliqué plus haut : dans quel sens il ne boit pas de vin ou dans quel sens il en boit ; il en boit avant d'entrer dans la tente, avant d'approcher de l'autel : il n'en boit pas maintenant, parce qu'il se tient à l'autel et pleure mes péchés ; il en boira de nouveau plus tard ‹ quand tout lui aura été soumis › et que, tous sauvés et la mort du péché détruite, il ne sera plus nécessaire d'offrir ‹ des victimes pour le péché › » (ORIGÈNE, *Homélies sur le Lévitique*, 7, 2, Sources chrétiennes 286, Paris, 1981, I, p. 315).

rompu et le vin versé, pour son Corps et son Sang. C'est dire que, de même que le Ressuscité garde les traces de ses plaies, l'eucharistie porte en elle la marque du désir, donc le goût de la marche et l'aspiration à la rencontre. Loin de constituer une entité close, une « chair », elle tend vers l'achèvement de l'alliance, un « corps » vivant. Elle est sommet parce qu'elle est étape. Vers le Royaume. La plénitude de Dieu est une plénitude non comblante, en ce sens qu'elle développe un désir de plus en plus intense, infiniment.

Or, cet élan le plus essentiel – il est Esprit et vie (Jn 6,63) – est aussi le plus fragile. On peut lui appliquer ce que Paul écrit de la gloire de Dieu qui transfigure l'homme : « Ce trésor, nous le portons en des vases d'argile » (2 Co 4,7). Le mouvement de l'eucharistie est perçu, approché à travers des cultures qui en conditionnent l'accès et la compréhension. Ainsi, les vieilles catégories sacrificielles, oublieuses du déplacement opéré par le Christ, ont-elles réinvesti le champ des représentations, parce que l'univers culturel y inclinait par ces évidences impensées qui marquent une époque. À trois moments au moins de son histoire, une forte poussée sacrificielle s'est emparée, avec son sang et sa violence, ses regrets et ses larmes, de l'espace eucharistique. Il arrive que l'émotion prenne son objet pour une chose. Ce phénomène se produisit lorsque l'Église, avant et après Charlemagne, s'imposa aux Barbares qui, cependant, l'imprégnèrent de leur culture (le perdant militaire est parfois un gagnant culturel) ; il se produisit à nouveau après les terreurs du début du XVIe siècle, dans l'opposition à la Réforme protestante, pour mieux assumer la réalité sacramentelle ; il eut lieu enfin avec le triomphe romantique du piétisme doloriste. Le souffrant s'identifie plus aisément au Christ douloureux, il le dessine aussi d'après ses propres traits. La substitution gomme les identités.

Il convient donc de revenir à un fondement différent, au sacrifice spirituel comme correspondant au Corps spirituel. C'est-à-dire un sacrifice traversé par l'Esprit et animé par lui. Le Christ frappe toute chair par sa Parole afin que cette Parole soit prise en nourriture. Quand il lave les pieds de Pierre récalcitrant, il lui rétorque que celui qui est lavé « est pur tout entier » (Jn 13,10). Bien plus que par des ablutions rituelles (Jn 2,6), les disciples sont « purs grâce à la parole que je vous ai annoncée » (Jn 15,3). Aussi, à la multiplication des pains, reste-t-il beaucoup de morceaux que les disciples doivent recueillir pour que rien ne se perde (Jn 6,12-13). À la différence de la manne strictement mesurée (Ex 16,18), les restes montrent la présence surabondante de l'inhabitation de la Parole en ce partage du pain. Telle est la surabondance du banquet messianique déjà soulignée par le vin de Cana.

Cette inhabitation surabondante souligne la relative pauvreté du signe du pain partagé sur la colline près du lac ou à Emmaüs. Le geste spectaculaire s'expose dans le cœur transpercé d'où s'écoule le sang qui vivifie la terre. L'art baroque, celui de la Contre-Réforme catholique, n'a pas su gérer le rapport entre la théâtralisation du décor et la petitesse des signes. Ce contraste fortifiait, au-delà de la messe, l'évocation et l'exaltation du sacré. Il lui manque une faim, un « jeûne », celui que le Christ lui-même souligne à ses disciples qui veulent le faire manger : « Ma nourriture est de faire la volonté de Celui qui m'a envoyé et d'accomplir son œuvre » (Jn 4,34).

Revenons au sacrifice dans l'Esprit. Il donne au chrétien d'être saisi dans son corps pour s'offrir lui-même. Étant pris dans la prévenance de Dieu, il peut, en réponse et par cet Esprit, « offrir [son] corps en victime vivante, sainte, agréable à Dieu » (Rm 12,1)[5]. Non pas qu'il crée l'eucharistie, mais c'est elle qui le rend eucharistique. Devenu membre du Corps du Christ par le baptême, le chrétien, par l'eucharistie, apprend ce qu'il doit faire de cette appartenance : se donner, s'offrir, livrer sa vie. De saint

5. « Chacun de nous a en lui son holocauste et il embrase l'autel de son holocauste pour qu'il brûle toujours. Pour moi, si je renonce à tout ce que je possède, prends ma croix et suis le Christ, j'offre un holocauste à l'autel de Dieu... Je deviens moi-même le prêtre de ma victime » (Origène, *Homélie sur le Lévitique,* 9, 9, Sources chrétiennes, 287, Paris, 1981, II, p. 117).

Jean Chrysostome à Bossuet et plus loin encore, une phrase court : l'eucharistie ne sera pas achevée tant que nous ne serons pas devenus nous-mêmes eucharistie.

Ainsi Tertullien : « La prière est le sacrifice spirituel qui a supprimé les anciens sacrifices... Nous sommes les vrais adorateurs et les vrais sacrificateurs. En priant dans l'Esprit, c'est par l'Esprit que nous offrons en sacrifice la prière, victime qui revient à Dieu, qui lui plaît, qu'il a recherchée, qu'il s'est destinée[6]. » Notons le « retour » : le sacrifice priant répond à la motion de l'Esprit.

Vient donc la définition très connue de saint Augustin : « Le vrai sacrifice, c'est toute action que nous accomplissons pour nous unir à Dieu en une société sainte[7]. » Le Christ s'offre à nous pour que nous puissions nous offrir avec lui, par lui et en lui, uns avec lui et entre nous. Par son eucharistie, le Christ livré permet à son Église de se livrer elle-même. De même qu'il collabore activement à l'action du Père, il veut, par son Esprit, rendre son corps ecclésial coopérant dans l'effusion de la vie (1 Co 3,9).

Très tôt, la tradition chrétienne[8] l'a bien compris ainsi. La communion rend « participants de la nature divine » (oraison après la communion, samedi, 5e semaine de carême), afin de pouvoir offrir « un amour qui réponde à ton amour[9] », car le Christ « nous unit à son sacrifice lorsque nous proclamons sa mort[10] ». D'où cette magnifique prière aux accents augustiniens : « Accorde-nous, Seigneur notre Dieu, de trouver dans cette communion notre force et notre joie, afin que nous puissions

---

6. Tertullien, *La prière, 28*, CCL, 1, p. 273.

7. Saint Augustin, *La Cité de Dieu,* X, 6.

8. Hérifrid, évêque d'Auxerre (+909) : « Pour ne pas être privé dans le futur de l'hostie salutaire qui est le Christ, lui-même se faisait pour le présent une vivante hostie » (*Les gestes des évêques d'Auxerre,* I, Paris, Les Belles Lettres, 2002, p. 182).

9. Prière sur les offrandes, samedi après les Cendres. Voir l'oraison du 11e dimanche.

10. Prière après la communion, 26e dimanche.

devenir ce que nous avons reçu : le corps du Christ[11]. » L'idée qu'en communiant le fidèle reçoit le Corps ecclésial du Christ remonte à saint Jean Chrysostome : « Que deviennent les communiants ? Le Corps du Christ ; non pas plusieurs corps, mais un seul corps » *(Homélie 24,2, sur 1 Corinthiens).* Déjà dans la *Didachè* (fin du Ier siècle) : « Comme ce pain rompu, disséminé sur les montagnes, a été rassemblé pour être un, que ton Église soit rassemblée de la même manière... » Et le célèbre sermon de saint Augustin : « Puisque donc vous, vous êtes le corps du Christ et ses membres, c'est votre mystère à vous qui est placé sur la table du Seigneur ; c'est votre mystère que vous recevez[12]. »

On voit plus clairement la logique du sacrement : le Corps ecclésial du Christ est associé à la mission du Verbe envoyé dans ce monde. À ce titre, l'Église est appelée à se livrer pour la vie des hommes, afin qu'advienne un monde nouveau, celui que Dieu désire, monde fraternel parce que Dieu y est reconnu comme Père. Cette mission n'est réalisable que si le Christ unit ses membres à lui-même par le don de l'unique Esprit. Jésus lui-même achève sa mission (Jn 19,30) quand il rejoint l'unité avec son Père en jetant sa vie humaine en lui. Le sacrifice chrétien désigne cet élan, cet Esprit, qui part du Père et s'accomplit dans le Royaume où « Dieu sera tout en tous » (1 Co 15,28). La création actuellement en gésine (Rm 8,22) sera récapitulée dans le Christ (Ép 1,10). Tel est le sacrifice évangélique.

Le mot « sacrifice » n'est peut-être pas le meilleur ! Il se réfère au vieux fonds sacré, fait de peur et d'attirance, commun aux religions et aux idéologies. Le sacré est fusionnel, même dans le sang[13]. Saint Jean utilise le verbe « sanctifier » *(agiazein)* pour parler de l'oblation du Christ (Jn 17,19). La sainteté de Dieu représente son inaltérable altérité que le Christ, seul, est

11. Prière après la communion, 27e dimanche.

12. La traduction de ces trois références sont empruntées à F. Tollu, *L'eucharistie, vingt siècles d'histoire*, Paris, Le Cerf, 1998, p. 35, 47, 52.

13. E. Le Roy Ladurie, « Le Christ, elle l'aime saignant », *Montaillou, village occitan,* Paris, Gallimard, 1975, p. 474.

capable de rejoindre, où il est capable de pénétrer et d'habiter (il est dans le sein du Père : Jn 1,18). Cette altérité qui distingue réunit tout autant : elle est communion, ce fruit de l'Esprit.

La présence à l'autre n'est pas du domaine d'un état, d'un établissement, mais elle relève d'un *acte.* La présence est action ; voilà ce qu'il ne faut pas oublier, mais en faire mémoire. C'est comme acte qu'elle est sacrifice, sortie de soi pour la plus intime union. Sans cette oblation, point de présence à l'autre ni de don à l'autre. Pas davantage de corps, lieu symbolique où s'inscrit l'offrande, mais plutôt de la « chair », une chose. C'est vrai dans la dynamique intimité de la vie trinitaire et dans la charité qui relie les membres de l'Église. C'est déjà vrai dans un corps social où l'active citoyenneté se distingue de l'individualisme de gens simplement juxtaposés.

Il est alors particulièrement intéressant de revenir à saint Thomas d'Aquin. Un de ses plus proches disciples et son biographe, Guillaume de Tocco, raconte comment, lors d'une disputation à l'Université de Paris sur l'eucharistie, Thomas prie le Christ : « Seigneur Jésus-Christ, qui êtes vraiment présent dans ce sacrement admirable comme objet et qui, comme sujet, le réalisez admirablement[14]… » L'intérêt porte sur la distinction entre l'objet (*res,* « la chose », en latin) et le sujet actif (*artifex,* « l'artisan »). Mais il ne faut pas oublier ici que Thomas reprend une conception remontant à Augustin. Dans l'Ancien Testament, il n'existe que le signe (le *sacramentum*). Au temps de l'Église, la réalité *(res)* se présente sous l'aspect transitoire du sacrement. Dans le Royaume, la réalité plénière étincellera de présence (la *res*) contemplée sans voile. Par conséquent, l'histoire est mouvement, passage. La présence est exode, Pâque, espérance du Royaume.

---

14. Guillaume de Tocco, *L'histoire de saint Thomas d'Aquin,* Paris, Cerf, 2005, p. 110.

Présences suspectes, présence authentique

Un autre mouvement intervient ici, celui de l'abaissement du Christ, sa *kénose* (Ph 2,7 : « Il s'est anéanti lui-même, prenant la condition de serviteur »). Marie Balmary oppose l'arrogance du veau d'or à l'humilité de toute rencontre. Le veau d'or cumule les signes de richesse, de pouvoir et de gloire de ceux qui le font. Il est l'idole de leur puissance fusionnelle. Nulle communication n'est possible dans cette autopromotion[15]. À l'inverse, la rencontre exige un abaissement[16] : « Le monde est un désert d'autre, un pays où l'on se défie de la confiance. Ce monde est celui du maître. S'il avait abandonné sa maîtrise et cru en la rencontre, il aurait trouvé place parmi nous. » L'humilité rend l'autre possible. Elle le reconnaît.

L'eucharistie, comme acte de rencontre, fait le sacrifice de la suffisance. Elle se place entre deux écueils. Le premier : la réduire en objet, certes adorable mais chosifié ; l'autre : l'adorer, mais de si loin que les encens en voilent l'acte de communion. L'acte de présence demande à être interprété comme reconnaissance de l'autre dans la confiance du partage. Toute rencontre authentique nécessite qu'on se remette entre les mains de l'autre. C'est offrir la présence en se donnant dans une entière confiance. Une présence reste entourée de fragilité (*cf.* Hé 5,2). Par une perte de soi, elle quémande la présence et la réponse de l'autre.

Dans toute leur gloire, la théophanie écrasante du Sinaï et même la Transfiguration, que les disciples ne comprirent qu'après la résurrection, gardent un goût d'inachèvement, une

15. Marie Balmary, *Le moine et la psychanalyste*, Paris, Albin Michel, 2005, p. 88, 117.

16. Les écrits gnostiques ne supportent pas l'abaissement de Jésus ni la distinction entre son humilité visible et sa gloire intérieure, comme le développe saint Jean. Ou plutôt, la gloire est humble, c'est le don qui pèse lourd. Ainsi : « Lorsque Pilate vit le Seigneur Jésus, il fut émerveillé à cause de son aspect, car il était tout entier rayonnant de lumière et entouré de puissance et de gloire » (*Le Livre du Coq, 7,2 : Écrits apocryphes chrétiens,* II, Paris, La Pléiade, 2005, p. 184) ; de même Hérode : « Il fut surpris et émerveillé à cause de la beauté de son aspect et de l'attrait de son visage » (*ibid.,* p. 186). Certains modernes gardent la structure de pensée, mais, à l'inverse, utilisent beaucoup d'hémoglobine.

sorte de manque. Car il ne suffit pas de poser un corps, fût-ce dans son aveuglant éblouissement, pour que se réalise l'acte d'une présence qui consent à ce qu'est l'autre par l'intérieur, en habitant en lui (Jn 14,23). Ainsi, celui qui participe à la naissance d'une rencontre, parce que la présence s'est mise à la hauteur de son accueil, est-il non plus devant un fait qui le laisse passif, mais devant une invitation qui le rend actif (Ap 3,20). Voilà ce qu'effectue l'eucharistie, ce que réalise son mode de présence.

L'humanité peine à accepter qu'en cela se tienne le mode d'intervention de Dieu tel que le révèle le Christ. De siècle en siècle, la littérature chrétienne incline vers une réification de l'eucharistie, comme si l'être-là, objectif, convenait à notre liberté. Deux exemples, fort éloignés dans le temps, suffiront à illustrer ce thème.

Le premier se rencontre dans les apophtegmes des Pères du désert. Il est particulièrement cru. Un frère avait des doutes sur la présence du Christ dans l'hostie. Entraîné par d'autres frères à la sainte liturgie, voici que, juste avant la communion, lui apparaissent, au-dessus des chœurs angéliques, deux personnages et un enfant : « Je vis comment les deux personnages au-dessus de la table [l'autel] tinrent les mains et les pieds de l'enfant qui était au milieu d'eux, prirent un glaive, égorgèrent l'enfant et vidèrent son sang dans la coupe qui était posée sur la sainte table ; et ils découpèrent son corps et le mirent au-dessus des pains, et les pains devinrent corps. Et je me souvins de l'Apôtre disant : ‹ Et en effet, notre Pâque, le Christ, a été immolée › (1 Co 5,7) pour nous. Et lorsque les frères s'approchèrent pour participer à la sainte offrande, le corps leur fut donné ; et lorsqu'ils proclamaient ‹ Amen ›, il devint du pain dans leur main. » À la fin de l'office, « je vis à nouveau l'enfant entre les deux personnages et les clercs qui ramassaient les dons[17] ». Abraham, Isaac son enfant et le bélier ne sont pas loin.

17. *Les apophtegmes des Pères,* III, Paris, 2005, Sources chrétiennes 498, p. 116-119. Voici quelque temps, parmi les prospectus déposés dans la boîte aux lettres, se

Le second exemple concerne Charles de Montalembert, qui, en 1836, publie l'histoire de sainte Élisabeth de Hongrie. Il narre qu'Élisabeth refuse d'acheter une image pieuse, car, dit-elle : « Je n'ai nul besoin d'une telle image, car je la porte dans mon cœur. » Au lieu de la vue extérieure, la présence intérieure. Cela renvoie l'auteur à un épisode de la vie de saint Louis (rapprochement significatif). Le roi admirait Simon de Montfort invité à venir voir le Christ, « lequel était devenu en chair et en sang entre les mains du prêtre, ce dont [tous] étaient fort émerveillés ». Le comte répondit : « Allez-y, vous autres qui en doutez. Car, quant à moi, je crois parfaitement et sans doute... C'est pourquoi j'espère, à le croire ainsi, en avoir une couronne en paradis, plus que les anges qui le voient face à face, raison pour laquelle il faut bien qu'ils le croient[18]. » Pas de présence intérieure sans confiance, dont se passe une évidence externe.

La grande leçon qui se dégage de ces récits retenus parmi tant d'autres est que Dieu, inaccessible aux regards de l'homme, car, en le voyant, celui-ci ne pourrait rester en vie (Ex 33,20), se communique dans un mode de présence qui respecte les limites humaines. Donc par l'humilité du Crucifié sur lequel on peut jeter les yeux (Jn 19,37). Le « Sinaï du Calvaire » est transpercé de petitesse, mais le flot qui coule du côté du Temple nouveau féconde la terre d'une vie nouvelle. Tel est le mode de présence qui convient à la manière dont Dieu a voulu partager l'existence humaine. C'est là un critère précis de la foi en l'eucharistie.

Pendant des siècles, de nombreuses disputes, que je ne mentionnerai pas ici, opposèrent deux conceptions dont, comme souvent, la base culturelle était identique à travers les oscillations du temps. On mesure mal l'influence de l'antiquité tardive et de

---

trouvait la réclame d'un livre : dans le sud de l'Italie, un médecin chrétien a analysé le contenu du calice après la consécration lors de la première messe d'un jeune prêtre. C'était du sang – facteur rhésus O : donneur universel. C'est bien le moins !

18. Charles de Montalembert, *La vie de sainte Élisabeth de Hongrie,* Paris, Cerf, 2005, p. 349.

la décadence de l'Empire romain sur la théologie, qui dut traverser avec de maigres ressources les crises provoquées par les invasions barbares. Elle ne reprendra son élan que plus tard, avec la féodalité, la progression des villes et la création des universités. Pendant ce temps, la chrétienté devient majoritaire : cet essor n'est pas sans incidence sur la façon d'aborder les sacrements de l'initiation chrétienne. Ainsi, le baptême n'opère plus d'abord le passage du paganisme au christianisme, puisque celui-ci est généralisé, mais l'effacement de la faute originelle. La pensée d'Augustin dominait. La confirmation connaît la même approche moralisante. Un évêque du sud de la Gaule, au Ve siècle, Fauste de Riez, attend de ce sacrement qu'il fortifie pour les combats de la vie chrétienne ceux qui ne décèdent pas après leur baptême. Il s'agit de tenir, de rester établi dans la grâce. Les historiens savent que le Moyen Âge n'aimait pas les changements. Il lui faut un monde stable : l'art gothique déploie les mêmes ogives sur plus de trois siècles. Il aménage, il améliore, mais il maintient la même structure.

Comment présenter l'eucharistie dans un monde avide de stabilité, un monde qui rêve encore d'un âge d'or et qui imagine l'avenir comme un retour aux origines, c'est-à-dire comme la coïncidence du réel avec l'idée pure ? Deux solutions se présentent alors : ou accentuer le réalisme eucharistique en reproduisant les épisodes de la Passion jusqu'aux allégories les plus mimétiques (par exemple, Amalaire de Metz met trois nappes sur l'autel en souvenir des trois jours au tombeau) – la présence tend alors à devenir quasi physique – ou, à l'inverse, ne garder que la représentation, la figure devant nous et laisser la réalité au ciel. La messe ne serait ainsi qu'une représentation qui figure la Cène (opinion de Béranger de Tours, condamné en 1079). Entre la matérialisation et la figuration, d'un extrême à l'autre, oscillent les théories et, en vagues contraires, les condamnations.

Les débats portent sur les qualités de la présence plus que sur la manière de se rendre présent. Dans un tel contexte, mieux armée que le concept platonicien de séparation entre les figures et l'idée, la distinction aristotélicienne entre la substance et les accidents, plus réaliste, apporte une réponse facile à saisir. Le concile de Trente s'en empare lors de sa XIIIe session (1551). Il définit la présence du Christ par quatre qualités.

C'est une présence vraie, donc point figurée. Elle est réelle, donc ni physique (au sens de matérielle) ni représentée par un pur signe. Elle est substantielle, c'est-à-dire que le Christ y est authentiquement, dans la vérité de sa personne. Elle ne dépend pas de la vertu de la foi de celui qui la reçoit, ni de celle du prêtre qui célèbre, ni des effets dans le communiant, mais, avant tout cela, « avant même qu'on la reçoive, on a l'auteur de la sainteté en personne » (chap. 3). Ainsi est soulignée l'initiative du Christ.

Deux expressions firent l'objet de discussions incessantes. En 1439, un décret d'union avec les Arméniens parle du Christ « tout entier contenu sous l'espèce du pain et tout entier sous l'espèce du vin ». L'expression « les saintes espèces » vient de là. En latin, *species* désigne ce qu'on voit, l'aspect, le visage. Ainsi est née l'image du Christ caché « sous le voile » des apparences [19], d'où le danger d'une présence qui recule, qui s'efface derrière ce qu'on regarde. Le fidèle va vers elle, mais elle se réserve et se voile. Le verbe « contenir », repris au concile de Trente, origine du thème du « divin prisonnier du tabernacle », fut lui-même précisé par le concile, qui distingue un mode naturel de présence du Christ auprès du Père et un autre mode sacramentel dans l'eucharistie (chap.1).

On admire la précision de l'analyse et de la définition. On remarque néanmoins que cette approche reste statique et que, faute d'une théologie du Saint-Esprit et par une atténuation du rôle de la résurrection, l'acte de la présence et son dynamisme généreux aient été moins pris en compte. On ne saurait, à juste titre, revenir en-deçà du concile de Trente. C'est au-delà de lui que s'ouvrent des horizons possibles.

19. Selon la piété de son temps, Charles de Montalembert (*Histoire de sainte Élisabeth de Hongrie,* Paris, Cerf, 2005, p. 119) parle de « Dieu voilé ».

Car – dernier point – ce concile devait également examiner le rôle indispensable du prêtre, régler l'ordre liturgique et maintenir la vérité du sacrifice. Une phrase du chapitre 2 résume l'ensemble de ces problèmes: « C'est une seule et même victime, c'est le même qui offre maintenant par le ministère des prêtres, qui s'est lui-même offert sur la croix; seule diffère la manière d'offrir. Les fruits de cette oblation – c'est-à-dire sanglante – sont recueillis en grande abondance par cette oblation non sanglante. » Au cœur de ces questions se tient celle du caractère de la messe comme propitiation: un sacrifice qui rend propice la divinité. Se mêle à ce terme celui d'expiation, dont le sens est que le Christ a purifié l'humanité, a réparé ses fautes. Le mot cependant renvoie à l'adjectif *pius,* dont le sens varie beaucoup. Le point commun aux diverses significations est: reconnaître et remplir ses devoirs envers une autorité reconnue, parents, patrie, divinité... Et de le faire convenablement, c'est-à-dire selon les règles fixées, ce qu'autrefois on appelait la « justice ». Il s'agit clairement d'offrir au Père le pardon des fautes, la réparation des péchés, donc de restaurer, de réparer (tel est le sens premier du verbe *expiare*) selon un code de justice. Seul le Christ, Fils unique du Père et fils de l'homme, a cette capacité.

Se pose inévitablement la question suivante: puisque la croix est sanglante, pourquoi la messe ne l'est-elle pas? Ou encore: cette manière de régler ses comptes avec Dieu, par la mort d'un innocent, exprime-t-elle exactement la justice du Père telle que le Christ nous la révèle ou ne dépend-elle pas trop d'un univers culturel marqué par un mode de justice royale et féodale? Que les hommes aient besoin de pardon, c'est évident. Mais pardon et expiation sont-ils synonymes? Peut-on professer que, tout acte du Christ ayant une valeur absolue, il ait pu obtenir le pardon sans passer par la croix qu'il dit cependant être nécessaire. Ou alors, il faut revisiter la riche notion d'expiation. Elle véhicule l'image d'un affront à laver dans le sang.

D'une certaine manière, expier signifie restaurer ce qui fut abattu, c'est chercher à revenir à un état antérieur. La justice regarde le passé. Or, le pardon, lui, s'attache à l'espérance : « Où le péché avait abondé, la grâce a surabondé » (Rm 5,20). Car la rémission, parfois, continue à souligner la faute remise. Il est des grâces inexpiables. Saint Paul met l'accent, au contraire, sur la surabondance et la nouveauté apportées par le Christ : « Si quelqu'un est dans le Christ, c'est une création nouvelle : l'être ancien a disparu, un être nouveau est apparu » (2 Co 5,17). D'où cette oraison de la vigile pascale, après la lecture de la création : « Donne… de comprendre que le sacrifice du Christ, notre Pâque, est une œuvre plus merveilleuse encore que l'acte de la création au commencement du monde. »

La nouveauté est accordée, arrive une régénération. Isaïe l'annonçait : « Me voici pour faire du nouveau, il bourgeonne déjà – vous ne le voyez pas ? » (Is 43,19). Et cette oraison : « Nous qui allons du passé vers ce qui est nouveau, fais-nous quitter ce qui ne peut que vieillir, mets en nous un esprit de renouveau et de sainteté[20]. » L'élan fait plus que restaurer, il crée du nouveau, un monde nouveau. Si pesant qu'il soit, le passé est franchi. Le croyant est incité à s'y livrer avec confiance. Les prières eucharistiques signalent que la venue du Christ dans le sacrement est « pour vous ». Une explication métaphysique peut, à la rigueur, s'imposer de l'extérieur par la rigueur de son argumentation. Elle demande d'acquiescer, pas forcément de faire confiance. Ici, il s'agit de se laisser emporter par le mouvement du Christ, donc de s'abandonner à lui comme il l'a fait envers son Père. La proposition et la réponse sont existentielles.

L'agneau pascal, si important pour l'expiation, est peu présent dans les récits de l'institution, sauf dans les écrits johanniques. Car le Christ a voulu se rendre présent comme *nourriture,* c'est-à-dire comme puissance de vie pour un avenir

20. Prière après la communion, vendredi de la 4e semaine de carême. Voir aussi : « Que cette communion au mystère de ton Fils nous fasse entrer, libres de tout vieillissement, dans la nouvelle création » (après la communion, mercredi dans l'octave de Pâques) ; « Fais passer à une vie nouvelle » (après la communion, mercredi de la 2e semaine de Pâques).

possible, celui qu'il ouvre. Sa présence requiert une manducation, une absorption, afin qu'il devienne la Vie de la vie du croyant. Le sang versé une fois pour toutes coule en vin des noces, cette alliance nouvelle et éternelle.

Parce qu'il a rejoint son Père à travers l'extrême de la violence des hommes, le Christ leur témoigne un amour gratuit: « Preuve légitime de l'amour de Dieu à notre égard, c'est quand nous étions encore pécheurs que le Christ est mort pour nous » (Rm 5,8). La résurrection ouvre au monde entier l'union avec le Père et le Fils, et elle répand sur toute chair l'Esprit vivant. Nul être ne se voit exclu par celui qui, ayant pris la dernière place, le conduit jusqu'au Père[21]. Désormais, l'Esprit fait du Verbe notre pain et de son sang notre joie. Présence active, poussant l'humanité à aimer, c'est-à-dire à se donner: c'est pour cela que Dieu a créé l'homme à son image. Présence dynamique, comme un acte qui fait des croyants les serviteurs de la vie du monde. Ce pain qui nourrit les jours ordinaires est recréé par l'Esprit en nourriture plus qu'essentielle: pour faire vivre avec Dieu. La présence transfigure. Cette présence appelle la Parole. À la limite, chacun pourrait interpréter l'eucharistie selon sa philosophie personnelle. La Parole résiste. Le Verbe la donne sans la reprendre. Exprimée de façon diverse par les auteurs de la Bible, elle critique les représentations et oblige à se convertir. C'est pourquoi elle fait corps avec l'eucharistie.

Dieu se manifeste en se voilant: le corps qui est donné à voir est celui de l'Église. Elle est « exhibée, livrée en spectacle » (1 Co 4,9). Mais ce qui soutient le corps est un acte, une puissance, celle de l'Esprit. Elle représente cette capacité d'exister en soi-même dont la générosité la tire hors d'elle-même: *ex-ousia,*

21. La tentation guette toujours de limiter l'accès au Corps du Christ à quelques purs. D'où cette étonnante remarque d'un texte apocryphe, le *Livre du Coq,* déjà cité, qui introduit une curieuse distinction. Le Christ dit à Pilate qu'il absout: « C'est pour cela que je suis né en ce monde: afin de donner ma vie pour la rédemption de la totalité et afin de verser mon sang pour la rédemption de plusieurs » (8,23 – *ibid.* p. 191).

le pouvoir-être. Là se fonde le mouvement de se rendre présent. Le cœur de l'eucharistie se tient dans le dynamisme de l'Esprit qui, ne parlant pas de lui, rend le Ressuscité présent. L'acte unique qui vivifie le Crucifié le rend contemporain, chaque fois, dans l'Esprit. L'Église des baptisés fait mémoire de lui. L'eucharistie le rend présent sous la forme nourrissante du fruit de l'arbre de vie, celui de la croix, pour la vie du monde.

La pensée des Pères de l'Église élargit la compréhension de l'eucharistie à la mesure du dessein de Dieu : « C'est Dieu qui conserve dans l'Église son amour qu'il a répandu en elle par l'Esprit Saint. Il fait ainsi de cette Église un sacrifice qui Lui est agréable, afin qu'elle puisse toujours recevoir la grâce de l'amour spirituel et que cette grâce lui permette de s'offrir continuellement en un sacrifice vivant, saint, capable de plaire à Dieu [22]. »

22. FULGENCE DE RUSPE, *Lettre à Monime*, 2,12, CCL 91, 48.

7

Pour la vie du monde…

La façon habituelle de présenter l'eucharistie porte fortement l'empreinte de l'époque où elle fut établie et de celle où elle fut consacrée, c'est-à-dire en ces temps où la foi était considérée comme allant de soi, où l'Église coïncidait avec la société, malgré les fautes et les erreurs des croyants. Au Moyen Âge, une approche du sacrement par une philosophie en pleine expansion peut se contenter d'un mécanisme approprié à la culture du temps. La situation s'aggrave quand, à la Renaissance, la Bible paraissant l'apanage de la Réforme, la Parole de Dieu ressemble davantage à un arsenal d'arguments qu'à une nouveauté surprenante. L'histoire impose les conditions de la réflexion. Il convient de ne pas l'oublier.

Les hommes, en faisant des sacrifices, accomplissent des actes qui sont tout sauf innocents. Ces sacrifices décrivent en des rituels précis le visage du Dieu auquel ils sont offerts, depuis les divinités capables de conférer la fécondité ou la victoire, dont les mythes narrent les exploits amoureux et guerriers, jusqu'à celles qui, impavides, veillent jalousement sur leurs prérogatives. Dans la Grèce antique, il n'existait pas de frontière étanche entre le monde des hommes et celui des dieux, mais une même continuité de la vie avec ses désirs. Il y a un changement d'intensité, mais non de nature. Les visages des dieux sont gravés en creux dans les sacrifices. Ils y sont représentés.

La Bible prend progressivement ses distances avec de telles représentations : du sacrifice d'Abraham au veau d'or, l'affirmation que Dieu est le Tout-Autre modifie la notion de sacrifice, au point que les Évangiles restent d'une remarquable discrétion à ce sujet. Jésus se présente comme l'innocent. Il n'offre aucune image de Dieu autre que celle qu'il donne lui-même dans l'acte de livrer sa vie. Il nomme cette action unique « la nouvelle alliance en mon sang » (Lc 22,20). L'expression renvoie au livre de l'Exode, à la liturgie au cours de laquelle Moïse scelle l'alliance du Sinaï : « Moïse prit le sang, en aspergea le peuple et dit : ‹ Voici le sang de l'alliance que le Seigneur a conclue avec vous sur la base de toutes ces paroles › » (Ex 24,8). La jonction s'établit ici entre l'alliance, les paroles et le sang.

Les prophètes, conscients de ce que le peuple demeure fragile et infidèle, en viennent à penser que le souffle premier par lequel Dieu avait vivifié Adam (Gn 2,7) était trop court pour affermir l'homme dans la fidélité. Il lui faudrait une pulsion intérieure qui l'adapte au projet de Dieu. Ce qu'envisage Jérémie : « Des jours viennent… où je conclurai une nouvelle alliance… je déposerai mes directives au fond d'eux-mêmes, les inscrivant dans leur être » (Jr 31,31-33). Et Ézéchiel : « Je vous donnerai un cœur neuf et je mettrai en vous un esprit neuf… je mettrai en vous mon propre esprit, je vous ferai marcher selon mes lois » (Éz 36,26-27). La nouvelle jonction relie l'alliance, les paroles et l'esprit. L'Esprit prend la place du sang qui est lui-même le siège de la vie. Et les paroles du Christ sont Esprit et Vie (Jn 6,63). La nouvelle alliance dans le Christ est donc Parole et Vie (Esprit et sang).

Les aînés se souviennent de l'obligation d'assister à la messe « de calice découvert à calice recouvert ». L'expression rappelle que le calice, posé sur l'autel, était recouvert d'un voile que le prêtre enlevait au moment de l'offertoire et qu'il replaçait après la communion. Dans ces conditions, la messe « comptait », même si l'on n'assistait pas à la liturgie de la Parole. Une telle focalisation sur la partie eucharistique laissait libre cours à une piété séparée de la révélation biblique. Or, l'Église n'est pas rendue visible uniquement par le seul culte aussi étroitement appréhendé. Elle se rend visible quand quelques-uns se réunissent au nom du Christ (Mt 18,20), dans l'annonce de la foi, la prière en commun et l'exercice de la charité : ce sont les trois fonctions naturelles de l'Église[1]. Il n'est pas sain que l'eucharistie concentre sur elle-même tous les exercices de la vie chrétienne. D'autant que la seule observance rituelle des rubriques ne suffit pas à nourrir le lien avec Dieu. On comprend ainsi pourquoi les Pères de l'Église voyaient dans l'ensemble de la vie chrétienne le sacrifice juste et saint offert à Dieu. C'est pour arriver à cette oblation de l'Église entière que l'eucharistie en prend le corps entier dans le sacrifice du Christ : « Le Christ s'associe toujours l'Église » (Vatican II, *La liturgie,* 7). La compréhension de cette offrande et l'entrée en elle se trouve dans l'Écriture, dans cette Parole nourrissante, car Celui qui s'offre en croix est le Verbe de Dieu. Le souffle qui l'anime, l'Esprit, le rend présent dans l'acte par lequel il se livre pour la vie du monde, donc en nourriture pour la vie éternelle.

Deux écueils nous guettent dans notre approche de l'eucharistie. Le premier est de concentrer sur l'eucharistie l'ensemble de la vie du peuple de Dieu, au point de ne rien laisser subsister à côté d'elle : l'eucharistie n'est plus là pour servir la vie, mais pour l'englober. Ce point de vue est difficilement conciliable avec l'Évangile. Le Christ ne saurait avoir dans le sacrement un mode de présence inadapté à celui qu'il a choisi quand il vivait en Galilée ! L'autre danger, qui souvent découle du premier, est

1. « ‹ [Le Christ] est là présent dans le sacrifice de la messe, et dans la personne du ministre, le même offrant maintenant par le ministère des prêtres, qui s'offrit alors lui-même sur la croix › (concile de Trente) et, au plus haut point, sous les espèces eucharistiques. Il est là présent par sa vertu dans les sacrements au point que lorsque quelqu'un baptise, c'est le Christ lui-même qui baptise. Il est là présent dans sa parole, car c'est lui qui parle tandis qu'on lit dans l'Église les Saintes Écritures. Enfin, il est là présent lorsque l'Église prie et chante les psaumes, lui qui a promis : ‹ Là où deux ou trois sont rassemblés en mon nom, je suis là, au milieu d'eux › » (concile Vatican II, *Constitution de la sainte liturgie,* 7). « Dans la vie de nos compagnons d'humanité plus parfaitement transformés à l'image du Christ, Dieu manifeste aux hommes dans une vive lumière sa présence et son visage » (Vatican II, *Constitution dogmatique sur l'Église,* 50).

de séparer l'eucharistie du reste de la vie. Alors, elle n'irrigue pas, elle isole. Certes, le Christ s'est retiré dans la montagne pour prier, mais c'était afin de mieux repartir. Il n'est pas impossible que l'obligation de la messe dominicale en ait aggravé l'isolement par rapport au reste de la vie. L'obligation est le squelette d'une conviction.

Le Christ est le seul sauveur (Ac 4,12), mais un Sauveur qui ne veut pas rester seul. Être sauveur unique ne signifie pas qu'il demeure solitaire. Ce qui est unique est l'origine, la source, l'« une fois pour toutes » où le « un » prend avec lui toutes les autres fois sans s'additionner à elles. Les messes ne se comptabilisent pas selon la quantité. L'eucharistie n'est pas une question de nombre. Car tout ce qui a été fait par lui et en lui existe aussi pour lui, le Fils (Col 1,16.17), selon une communion et non suivant une confusion. L'eucharistie unit les hommes en distinguant chacun. C'est un type d'union qui se définit comme un acte, un dynamisme. La liturgie s'appelle « une action » – en cela, elle est présence. Non point statique, mais qui s'écoule, fluante.

Une présence fluante

Les questions de mentalité président aux débats. À l'oublier, nous nous laissons trop souvent piéger, en estimant qu'une approche – la nôtre, évidemment ! – saisit la réalité dans son ensemble, alors qu'elle ne l'appréhende que par un aspect singulier qui, certes, atteint la vérité, mais par un aspect particulier. Pour le sujet dont nous débattons, il n'est pas sans incidence de remarquer que ce que nous appelons le « présent » désigne ce qui se montre sous nos yeux avec objectivité, en quelque sorte indépendamment de nous. Ce qui est présent est là, comme cette porte massive ou cette personne assise devant moi, mais dont j'ignore tout. Je constate seulement qu'elle est présente, par une sorte de tautologie. Pourtant, le « présent » désigne également un cadeau qui est donné, parfois abandonné. Il se produit un acte qui est complètement accompli, fini. Le présent est un passé : l'objet a été offert. C'est fait.

La culture biblique raisonne autrement : le temps verbal du présent désigne ce qui n'est pas achevé, ce qui est en train de s'accomplir et qui continue de se développer dans l'existence. Le présent est un mouvement inaccompli. Il coule en forme de promesse et d'espérance. Il ne serait donc pas excessif de résumer ainsi les nuances sérieuses selon lesquelles l'Occident chercherait la stabilité de l'être et le Moyen-Orient sa dynamique. Le nom même de Dieu évoque à l'Ouest le « moteur immobile » cher à une métaphysique, alors que le nom de Yahvé désigne fort probablement l'action incessante de venir à l'être, une aube qui ne passe pas, un présent en forme d'émergence éternelle.

Quand Dieu « passe » – sa Pâque –, il fait beaucoup plus que transiter dans une visite rapide. Le « passage » de Dieu révèle en notre histoire le dynamisme qu'il vit en lui-même. Ce passage crée des liens indélébiles, une alliance dont les conséquences marquent, orientent et spécifient les siècles à venir. La présence de la Pâque s'écoule dans le temps.

Ainsi, le passage de Dieu entre les animaux écartelés par Abraham annonce la descente d'Israël en Égypte et l'exode libérateur (Gn 15,13-16) ; l'alliance avec le patriarche concerne un pays à habiter (Gn 15,18). Le Dieu de l'alliance est un Dieu de l'échange. Assez souvent, l'Ancien Testament s'interroge pour savoir comment les sacrifices peuvent rejoindre Dieu. La réponse tient en ce que le sacrifice rejoint Dieu là où Dieu rejoint l'homme et se lie à lui. Il ne suffit donc pas d'établir et de respecter les qualités des offrandes (Ml 1,13-14) ni de suivre les rites, si la parole n'est pas fidèle à l'oracle de Dieu (Ml 2,7-8). Ces importantes réserves empêchent Israël de se replier sur des gestes qui le satisferaient sans aller jusqu'à l'accomplissement de ce que Dieu demande. Il est donc significatif que les critiques de Malachie se terminent par un appel à la justice, à l'encontre de « vos décisions où vous faites preuve de partialité » (Ml 2,9).

La justice : elle consiste à se conduire avec les autres comme Dieu s'est conduit envers les siens. On retrouve cette « fluence » de l'Alliance. Chacun connaît les sévères avertissements d'Isaïe :

> « Que me fait la multitude de nos sacrifices, dit le Seigneur ?
> Les holocaustes de béliers, la graisse des veaux...
> J'en suis rassasié...
> Apprenez à faire le bien, recherchez la justice,
> faites droit à l'opprimé et donnez justice à l'orphelin,
> prenez la défense de la veuve » (Is 1,11.17).

Et Osée :

> « C'est l'amour qui me plaît, non le sacrifice.
> La connaissance de Dieu, je la préfère aux holocaustes »
> (Os 6,6 ; *cf.* Mt 9,13).

Les lois demandent donc d'agir comme Dieu s'est comporté envers Israël en le tirant d'Égypte. Pour l'émigré : « Tu n'exploiteras ni n'opprimeras, car vous avez été des émigrés au pays d'Égypte » (Ex 22,20). Pour la veuve et l'orphelin : « Tu ne tricheras pas avec le droit d'un émigré ou d'un orphelin. Tu ne mettras pas en gage le vêtement d'une veuve : tu te souviendras qu'en Égypte tu étais esclave et que le Seigneur ton Dieu t'a racheté de là. C'est pourquoi je t'ordonne de mettre en pratique cette parole » (Dt 24,17-18). Le Lévitique lui-même rattache la sainteté du peuple à l'action libératrice de Dieu : le Tout-Autre met à part son peuple (Lv 11,45) afin d'en faire un signe pour les nations. Et encore : « Ayez des balances justes, des poids justes...C'est moi, le Seigneur, qui vous ai fait sortir du pays d'Égypte » (Lv 19,36). Dieu est proche parce qu'il est autre, et sa présence devient exigence de justice.

La conclusion est nette : l'acte d'alliance dont Dieu seul prend l'initiative s'écoule en prescriptions de justice qui touchent largement l'ensemble de la vie quotidienne. Et ce, avec une nuance capitale : cet écoulement de l'alliance dans l'ordinaire des jours ne sacralise pas indûment le quotidien. Les choses, le commerce, les occupations restent ce qu'elles sont. Mais ce sont des relations à l'intérieur de cet ordinaire qui portent la marque de la sainteté grâce à la justice. En ce sens, la distinction si générale entre le sacré et le profane est ainsi dépassée par une autre distinction entre l'injuste, opposé à l'axe voulu par Dieu, et le juste, qui exprime le dessein de Dieu sur la société. À la justice, le Christ ajoute l'aumône, c'est-à-dire le partage : « Donnez plutôt ce que vous avez en aumônes, et alors tout pour vous sera pur » (Lc 11,41) [2].

C'est à la lumière de cette phrase de Luc qu'il faut comprendre la description idéale qu'il fait de la première communauté : le Christ ayant tout donné, ses fidèles partagent leurs biens et « de fait, il n'y avait aucun indigent parmi eux » (Ac 4,34). Quand Ananie et Saphire trichent sur le prix de vente d'un champ, ils rompent ce lien logique d'une alliance dont le présent s'accomplit dans le don. Ils « mettent l'Esprit à l'épreuve » (Ac 5,9), en paralysant sa dynamique.

Le texte du Nouveau Testament qui insiste le plus sur cette effluence de l'engagement de Dieu envers l'humanité est certainement la première épître de Jean. Elle pose d'abord que « Dieu nous a aimés le premier » (1 Jn 4,19). La prévenance de Dieu se manifeste dans le don qu'il nous fait par l'envoi de son Fils (1 Jn 4,14). Le Fils, poussé par la logique du don, s'est offert pour nous (1 Jn 2,2). Ces affirmations sont connues. Les conclusions que Jean en tire sont caractéristiques de son lien avec la pensée des prophètes : « Qui prétend demeurer en Lui doit vivre à son tour comme Celui-là a vécu » (1 Jn 2,6). Autrement dit, de la manière dont le Christ nous a rejoints, à nous de rejoindre les autres. Le sacrifice ouvre à une donation de soi aux autres. Il fait du croyant une source vive pour les autres, à la suite du Christ mort dont le côté transpercé devient fontaine de vie. Il est, à ce sujet, significatif qu'aux deux premiers disciples qui lui

2. « Le don de la charité nous apporte ceci : que nous soyons réellement ce que, dans le sacrifice, nous célébrons sacramentellement » (Fulgence de Ruspe, *Contre Fabien*, 28, 19).

demandent où il demeure, le Christ répond : « Venez voir » (Jn 1,39), mais rien n'indique ce qu'ils voient. Leurs yeux se lèveront sur le Crucifié dont ils ne voient que le cadavre, mais leurs yeux contemplent les flux généreux qui coulent de son sein (Jn 19,34), et l'auteur insiste sur ce témoignage. Ce qu'il s'agit donc de voir, c'est bien le dynamisme de cette offrande. Le Christ se rend présent dans le dynamisme qu'il inaugure.

Il en résulte, pour Jean, la nécessité de poursuivre le même élan : celui qui aime expérimente ce que Dieu accomplit. Il lui faut alors aimer son frère : « Qui n'aime pas son frère qu'il voit ne saurait aimer Dieu qu'il ne voit pas » (1 Jn 4,20). Pratiquer la foi, mettre en pratique la Parole – la garder – consiste donc à vivre comme le Christ a vécu. Telle est l'action de l'eucharistie : agir comme le Christ. Venue de lui, elle s'écoule de nous vers les autres. Elle décentre de soi, elle transfère hors de soi. Elle fait de la vie une Pâque. Voilà le mode de présence : du sein du Père, le Fils envoyé dans le monde transforme ses disciples en passeurs de vie. Dans l'unique dynamisme de l'Esprit qui communique une même et vivifiante présence.

Le Corps vivant du Christ

Parfois, certaines paraboles sont étrangement coupées en deux ! Ainsi, la parabole des deux fils (Lc 15,11-32), devient l'histoire du « fils prodigue ». Dans l'Évangile de Matthieu, le titre attribué à la parabole des « ouvriers de la onzième heure » cache la révélation de la générosité du maître, au-delà de nos calculs contractuels (Mt 20,1-16). Pourtant, le plus étonnant ne réside pas dans le fait qu'un maître embauche tardivement – après tout, il y avait peut-être urgence à finir le jour même –, mais dans la rétribution égale pour tous : « Je veux donner à ce dernier autant qu'à toi » (v. 14). C'est la finale qui éclaire le récit : il ne va pas de l'argent convenu vers une tardive générosité ! Il remonte plutôt de la générosité du maître jusqu'à l'appel des derniers. En cela, il fait la distinction entre une présence qui rétribue selon le travail effectué (faire une heure ou supporter le poids du jour et de la chaleur : v. 12), c'est-à-dire une présence qui se conforme aux règles et aux usages établis, et une présence qui donne avec surabondance : « Faut-il que tu sois jaloux parce que je suis bon ? » (v. 15).

Ce trait éclaire l'eucharistie. Il ne suffit pas d'établir une présence par des arguments tirés de nos philosophies, encore faut-il laisser cette présence se dévoiler selon sa logique propre. Comme souvent dans le parcours de la théologie, la nécessité de répondre aux erreurs et aux contestations, au nom de la fidélité à l'Évangile, conduit néanmoins à un rétrécissement des perspectives. Tout combat enferme dans le champ du conflit. Mais l'eucharistie n'est pas abandonnée à nos explications. C'est la Parole, le Verbe, qui en donnent l'interprétation. Le silence du Christ devant ses juges (Mt 27,14) le laisse devenir pure expression en son Corps livré. L'eucharistie n'absorbe pas la Parole, elle l'expose en son offrande nue, jusqu'au dernier souffle. Non pas une chose, mais un Esprit. L'Esprit qui inspire les paroles et les rappelle est la puissance de vie dans Marie et la force de la résurrection. Sa surabondance constitue le cœur de la présence, son acte de se rendre présent. L'eucharistie est le sacrement de la générosité. Dieu se donne sans mesure (Jn 3,34).

Justement, ce « sans mesure » commande l'existence chrétienne, où la vie est suspendue au don, à la générosité : « Donnez et il vous sera donné : c'est une belle mesure, tassée, secouée, débordante, qu'on versera dans les plis de votre vêtement. Car c'est de la mesure dont vous mesurez qu'à votre tour il sera mesuré pour vous » (Lc 6,38). La même abondance se rencontre dans l'épître aux Éphésiens : Dieu a « déversé sur nous la richesse de sa grâce » (Ép 1,7-8). La représentation de cette plénitude culmine quand le Christ, en son dernier mot, reconnaît que « tout est accompli » (Jn 19,30). L'épître aux Hébreux se montre très sensible à cette perfection de l'offrande accomplie jusqu'au bout : le Fils est, en ce geste terrestre, « rendu parfait » (Hé 5,9), au sens où, visiblement, il a aimé « jusqu'au bout » (Jn 13,1). Présence totale.

On comprend aisément que cette vérité conduise à des formes de piété qui insistent sur la plénitude, sur la totalité, avec un vaste contentement. Cela est compréhensible étant donné l'ampleur du don de Dieu. Cependant, les psychologues y décèlent facilement un besoin de satisfaction ancré dans la vie utérine, lorsque l'enfant avait tout et tout de suite. Ils y lisent une forme de régression. D'autre part, il convient de ne pas oublier que la plénitude de Dieu ne correspond pas au type de plénitude que nous exaltons. En Dieu, elle est marquée par le sceau de la communion : « être tout » consiste à « être avec ». La plénitude de l'être divin est coexistence et non pas la réplétion immobile et autosatisfaite. Cette coexistence rend possible l'abaissement de l'incarnation, l'humilité de la vie terrestre et le vide de soi sur la croix (la kénose).

Quand arrive « la plénitude des temps » (Ga 4,4), le passage d'Isaïe (Is 61,1-2) que Jésus lit à la synagogue de Nazareth provoque de sa part ce commentaire : « Aujourd'hui, ce passage de l'Écriture s'accomplit à vos oreilles » (Lc 4,21). En un sens, il est exact d'affirmer que les promesses sont accomplies, puisque le Christ est là ; il est tout aussi juste de penser que l'accomplissement reste à faire, il est en train de se dérouler. D'ailleurs, dès que sa manifestation, surprenante au regard des attentes politico-religieuses des auditeurs, s'opposera aux modalités étroites des intérêts nationalistes des Juifs, Jésus sera rejeté (Lc 4,22b-30). Il n'agit pas seul, sans son Père ni ceux que le Père lui donne. La générosité, le don restent au principe de cette plénitude ouverte.

Aussi, quand Syméon reconnaît l'Enfant promis (Lc 2,26), il prévient Marie qu'« un glaive te traversera l'âme » (Lc 2,35 : la *psyché,* au sens du monde des représentations). Le glaive, le voile déchiré, la pierre roulée, en un mot cette béance au côté sont indispensables pour entrer dans la compréhension de l'eucharistie. Parce qu'elle est le don de la présence, elle déchire les convenances, les conceptions mêmes pieuses que se forgent les hommes. C'est elle qui enseigne qui elle est. Elle oblige, à partir de ce qu'elle offre, à ne plus projeter sur elle les communes aspirations. Elle est un pain qui donne faim parce qu'il avive le désir[3].

Le Christ jeûne à la Cène (Mt 26,29)

Depuis des siècles, nous jeûnons avant d'aller communier. Le « jeûne eucharistique » a été compris comme une préparation à la messe, même en des temps où l'assemblée ne communiait que fort peu (d'où, dans les églises, ces bancs touchant aux murs et rivés au sol qui interdisent toute procession de communion !). Ne serait-ce pas aller vers l'eucharistie avec la mentalité des ouvriers de la première heure ? Mieux vaudrait renverser la perspective et penser que l'eucharistie, tel un glaive, nous transperce et nous fait jeûner. Elle est le pain du désir et de la veille, la nourriture du guetteur[4].

C'est en ce sens que l'eucharistie opère, en qui la reçoit, un jeûne. Non pas un régime alimentaire, mais la tension et la garde d'une espérance. L'eucharistie interdit de s'emparer du Christ : sa présence ne s'abandonne pas, elle envoie. Car elle est donnée par le dynamisme qui défend à Marie-Madeleine de tenir le Ressuscité dans ses bras. Le Christ l'oriente vers les frères (Jn 20,17-18). Elle est également donnée dans l'élan qui cache l'identité de leur invité aux deux disciples d'Emmaüs, qui s'empressent de rejoindre les apôtres (Lc 24,33). La communion échappe à la consommation, elle s'adresse à l'Église et l'indique comme le but de la rencontre. Le plus intime présente le point

3. « Le Christ, Sagesse de Dieu, n'est pas dès maintenant mangé jusqu'au rassasiement de notre désir, mais seulement dans une mesure qui excite notre désir de rassasiement ; et plus nous goûtons sa douceur, plus notre désir s'irrite... Il y a dans ce rassasiement éternel une sorte de faim qui ne vient pas du besoin, mais du bonheur » (Baudouin de Ford, *Le sacrement de l'autel* 2, 2, Paris, Cerf, 1963, I, p. 253).

4. « Ceux qui me mangent auront encore faim. Ceux-là sont les pauvres qui n'ont de consolation nulle part ailleurs qu'en Dieu. Les pauvres seront les premiers rassasiés, et les plus pauvres tressailliront dans le saint d'Israël » (Saint Albert le Grand, *Œuvres,* trad. A. Garreau, Paris, Aubier, 1942, p. 48).

de communion avec les autres. L'entière présence, celle du Christ total, demeure inséparable de l'envoi vers les frères. Il faut jeûner de la propension à s'isoler. L'individualisme cesse.

Le jeûne concerne également une émotivité dont les excès nous font chercher à posséder le Christ. Certes, il est réellement présent, mais d'une manière encore inachevée, puisqu'il n'a pas encore complètement récapitulé le monde en lui (*cf.* Hé 2,8 : « Présentement, il est vrai, nous ne voyons pas encore que la totalité lui soit soumise »). Il s'agit donc d'une présence accomplie, mais qui, selon la parole de Jésus dans la synagogue de Capharnaüm, exige de pénétrer l'histoire et les êtres. En ce sens, l'eucharistie n'est pas achevée. Elle reste une espérance, celle du Royaume – ce qui explique la réalité du symbole sacramentel : ce qu'il pose ici et maintenant appelle le Royaume qui commence et viendra.

Qu'il s'agisse d'une nourriture devient alors particulièrement significatif. Car manger est un acte réel du présent, mais qui donne des forces pour demain. Le célèbre « voile des espèces » qui cachent la présence du Christ est un voile fendu, déchiré, non pas d'abord pour y mieux déceler la présence du Ressuscité que seule la foi reconnaît, mais pour élargir les perspectives du croyant vers ce monde pour lequel le Fils a été envoyé.

Il existe ainsi, au cœur de l'eucharistie, comme une exigence de privation, une ouverture à l'autre. Le croyant se déprend de lui-même pour se rendre disponible au Christ. Tel est le sens de l'offertoire : on y apporte les fruits du travail, le pain et le vin, l'argent de la quête, ce signe des relations commerciales en tant que symbole des relations entre les hommes. L'assemblée de la messe se présente humblement à son Seigneur. Déjà, chez Michée :

> « Avec quoi me présenter devant le Seigneur,
> m'incliner devant le Dieu de là-haut ?
> Me présenterai-je devant lui avec des holocaustes ?
> avec des veaux d'un an ?

Le Seigneur désire-t-il des béliers par milliers?
des masses d'huile en torrents?
Offrirai-je mon premier-né comme rançon de ma révolte?
L'enfant de ma chair pour mon propre péché?
Il t'a fait connaître, homme, ce qui est bien,
ce que le Seigneur attend de toi:
rien d'autre que le respect de la justice,
l'amour de la fidélité,
et de marcher humblement avec Dieu» (Mi 6,6-8).

Apporter du pain et du vin, des offrandes prescrites, introduit dans l'histoire de l'alliance. La procession de l'offertoire met ses pas dans ceux d'Abraham, dans la marche de l'Exode. Elle reprend l'histoire de l'Église, comme l'exprime la prière sur les offrandes de la fête de saint Ignace d'Antioche (17 octobre), avec les mots mêmes de ce martyr: «Seigneur, tu as accueilli le sacrifice d'Ignace d'Antioche, froment du Christ, moulu sous la dent des bêtes et devenu pain immaculé; daigne accepter aujourd'hui l'offrande que nous te présentons.»

L'offrande constitue une présence à l'Autre, un sacrifice qui rend disponible pour l'Autre. Telle est la logique chrétienne: «Je vous exhorte, frères, par la miséricorde de Dieu, à offrir vos corps en sacrifice vivant, saint, agréable à Dieu: tel est le culte que la raison [la logique] attend de vous» (Rm 12,1). La rencontre, l'intime communion entre Dieu et l'homme est présidée par la miséricorde de Dieu, c'est-à-dire par son désir fondamental de s'allier aux hommes. En outre, Paul passe du pluriel («vos corps») au singulier de l'offrande ecclésiale. L'offertoire nous dépouille: offrir demande de nous abandonner entre les mains de l'Autre.

En effectuant ce retrait de la possession, parce qu'elle est vécue sous le mode du don (comme, à la multiplication des pains, la nourriture est donnée et non saisie), l'eucharistie crée l'espace où chacun peut exister et être reconnu. Il habite l'espace de la générosité. L'eucharistie crée de l'existence: elle est le sacrement de l'amour. Elle étend l'existence de chacun par l'élan de la présence du Christ à tous. D'où cette intercession du 4e dimanche ordinaire, à vêpres: « Nous t'avons rendu grâce par le Christ, pain rompu pour la vie du monde: livre-nous en partage à ceux qui ont faim. »

En désignant ceux qui ont faim, l'eucharistie nous apprend à les voir comme Dieu les regarde, en les faisant exister: le pape Benoît XVI le rappelle:

> Si le contact avec Dieu me fait complètement défaut dans ma vie, je ne peux jamais voir en l'autre que l'autre, et je ne réussis pas à reconnaître en lui l'image divine. Si par contre dans ma vie je néglige complètement l'attention à l'autre, désirant seulement être « pieux » et accomplir mes « devoirs religieux », alors même ma relation à Dieu se dessèche[5].

Se pose ici le douloureux problème des baptisés qui n'éprouvent aucun besoin de communier. À l'heure où certains se préoccupent presque exclusivement des chrétiens pratiquants qui, en Europe (le reste du monde paraît leur indifférer), ne peuvent « avoir la messe » chaque dimanche, on oublie la majorité des baptisés qui ne ressentent aucune faim eucharistique. Cette dernière question est pourtant plus préoccupante. Elle indique le plus souvent que le baptême a été réduit à une célébration individualisée. C'est l'Église qui fait défaut. Le baptême donné pour des motifs privés, respectables mais insuffisants, ne conduit pas à offrir son existence à la suite du Christ. Dans la même logique, un catéchisme calqué sur les rythmes scolaires (au point de cesser pendant les vacances de l'école!) pousse les jeunes à arrêter la pratique religieuse quand cesse l'enfance. Dans le déisme, il n'y a pas de corps. C'est une pure opinion sur un dieu qui ignore la communion trinitaire, qui évite l'incarnation et dont l'Église n'est pas le corps visible. Les conditions sont

5. Benoît XVI, encyclique (Noël 2005) *Dieu est Amour*, 18. Et cet autre passage: « Une eucharistie qui ne se traduit pas en une pratique concrète de l'amour est en elle-même tronquée » (§ 14).

réunies pour atténuer la participation à la messe dès lors qu'une cohésion sociale se distend, laissant chacun à son sentiment privé et les enfants sans place réelle parmi les adultes.

Ces constats nous obligent à réfléchir aux relations entre l'Église, le baptême et l'eucharistie, plus précisément ici, au Corps ecclésial du Christ. Nous avons déjà évoqué l'instant de la disjonction entre le corps eucharistique réel et le corps ecclésial mystique : dans les conflits qui se produisirent au Moyen Âge féodal. La séparation n'apparaît pas, en tous ses effets, tant qu'une forte unité sociale, une puissante conscience d'appartenance ont pu servir de raisons théologales de pratiquer. Il suffit d'une atténuation de cette cohérence pour que l'Église apparaisse comme une société parmi les autres et l'eucharistie comme un acte privé. La contre-épreuve en est aisée : lors d'un fort sentiment de cohésion humaine – obsèques, fête... –, la majorité de l'assemblée s'avance pour communier, « pour montrer ma sympathie, que je suis avec eux », reconnaissait un participant fort peu croyant, lors d'un enterrement.

Le lien entre l'eucharistie et l'Église se trouve ainsi au cœur des difficultés pastorales de l'heure. Il l'était déjà au temps de saint Paul. Les problèmes naissaient de plusieurs sources ; l'impossibilité pour des juifs de stricte observance de partager les repas avec des païens (d'où l'injonction céleste adressée à Pierre – Ac 10,13 – et le conflit d'Antioche entre Pierre et Paul – Ga 2,12), les usages des banquets païens et les divisions sociales (1 Co 12,2). Nous avons déjà noté que le Corps du Christ désigne, chez l'Apôtre, son Église. S'appuyant sur la comparaison avec le mariage, l'épître aux Éphésiens rappelle que, puisque l'époux et l'épouse font une seule chair, « nul certes n'a jamais haï sa propre chair ; on la nourrit au contraire, on l'entoure de soins, comme le Christ fait pour l'Église » (Ép 5,29).

Déjà le baptême constitue les chrétiens en un seul corps (« il n'y a que le Christ qui est tout et en tout » : Col 3,11). Or, le corps ne saurait se renfermer sur lui-même. Il lui faut, comme Corps du Christ, se comporter comme le Christ. La tentation de tout corps social consiste à se penser comme un isolat face aux autres et, parfois, contre eux. L'Église et le monde ne sont pas deux citadelles opposées. Relire le récit de Babel devient ici éclairant.

Voici donc l'humanité qui s'enferme dans des murs et veut se faire un nom. Mais où sont les jardins, les champs et les caravanes pour nourrir cette foule ? Leur nom autoproclamé, qui l'appellera ? Les hommes se condamnent à l'étouffement. Heureusement, Dieu vient fendre cette forteresse et lancer les hommes dans la riche diversité de leurs cultures (Gn 11,1-9).

L'eucharistie empêche l'Église de se refermer sur elle-même. Elle la nourrit d'un sang qui coule sur la terre, d'un corps offert à la vue des hommes. L'eucharistie prend et rassemble les chrétiens pour les jeter, comme des grains de blé, sur les terres des hommes. Quand l'évêque célèbre, il accueille son peuple par le souhait du Ressuscité : « La paix soit avec vous. » Ce même peuple, rassasié par la nourriture du Royaume, le diacre, que son ministère place au seuil, le renvoie : « Allez dans la paix du Christ. » La paix reçu à l'entrée pardonne et sustente, la paix reçue à l'envoi réconcilie avec les hommes que les croyants vont retrouver. La paix découle de la surabondance de la Présence d'un corps qui se reçoit de Celui qui, le premier, se donne. D'où cette exclamation de l'Apôtre : « Oui, nous avons été livrés en spectacle au monde, aux anges et aux hommes » (1 Co 4,9). Livré en spectacle : je pense à un prêtre ouvrier, méconnu de ses camarades, qui, avant une embauche très matinale, célébrait la messe et partait au travail. En se livrant lui-même à son ministère, il livrait au Christ ceux qui ignoraient ou dédaignaient sa présence.

Il est de bon ton, aujourd'hui, de sourire de « l'enfouissement ». Une pastorale plus affirmative devient à la mode ! C'est là ce genre d'opposition superficielle qui satisfait les parutions les plus hâtives. Chacun sait, en effet, que parler ou se taire dépendent des circonstances et des liens noués. Mais, plus profondément, l'attente ou la parole elle-même ne se vivent point en dehors de l'abaissement, donc de l'enfouissement du Christ. Car ils sont la manière dont il veut être présent parmi les hommes (Jn 12,24). Loin d'être une chose, le sacrifice décrit une manière de vivre. Voilà ce que l'eucharistie opère dans l'Église, voilà ce qu'elle fait de l'Église : l'humble servante du dessein de Dieu sur le monde.

Ce point d'humilité évite deux dérives dommageables à ce sacrement. L'une est de dévaluer l'eucharistie au point de la banaliser en simple banquet d'humanité, ouvert à tous, où la chaleur immédiate fait de chaque convive le miroir de l'autre, sans plus d'altérité qu'un vague humanisme généralisé où guette subrepticement une hégémonie de l'émotion. L'autre dérive consiste à succomber à une inflation eucharistique déviée en dévotion privée, isolée du projet de Dieu sur l'histoire, où le prêtre trône au-dessus des fidèles. Ce serait oublier cette formule du canon romain : « Voici l'offrande que nous présentons devant toi, nous, tes serviteurs (= les prêtres) ET ta famille entière[6]. »

En effet, sans minimiser la spécificité du ministère presbytéral, il est utile de rappeler qu'il s'agit, plus que d'une place sociale dont le Nouveau Testament ne parle pas, de la manière d'exercer ce service. Lors de l'alliance au Sinaï, Dieu dit à l'ensemble du peuple : « Vous serez pour moi un royaume de prêtres et une nation sainte » (Ex 19,6). Isaïe parlera, lors de la restauration, du « peuple que j'ai formé pour moi [Dieu] et qui redira ma louange » (Is 43,21). Après la « prostitution » du peuple avec le veau d'or, l'investiture sacerdotale est réservée aux seuls fils de Lévi, qui ont épuré avec ardeur le peuple coupable (Ex 32,26-29). Mais lorsque la première épître de Pierre reprend ce thème, le Christ a réconcilié les hommes avec Dieu. Il peut donc

6. Voir aussi ces expressions de la même prière eucharistique 1 : « Dans la communion de toute l'Église… » « Nous, tes serviteurs et ton peuple saint avec nous… » C'est pourquoi, il n'est pas équilibré qu'une image pour les vocations sacerdotales présente l'élévation de l'hostie avec le prêtre seul, sans peuple.

revenir au contexte d'avant la faute et parler de « sacerdoce royal, nation sainte, peuple que Dieu s'est acquis » (1 P 2,9)[7]. Le presbytérat du Nouveau testament ne provient donc pas d'une substitution[8] d'un groupe particulier à la place du peuple fautif, mais il constitue le signe, à l'intérieur de ce peuple (1 P 5,2), que c'est le Christ Sauveur qui le rassemble et le constitue comme peuple sacerdotal et royal.

Le Christ-Tête passe par le prêtre pour effectuer le don de sa présence à la communauté, et il passe par la communauté pour se rendre présent aux autres hommes. On peut conclure que le rapport du prêtre à la communauté est semblable au rapport de la communauté au monde, rapport que le premier fonde et enracine dans le Christ. L'eucharistie donne l'exacte mesure de ce rapport : elle constitue, par le prêtre qui est jonction, ligament et jointure (Col 2,19), la communauté appelée à être livrée au monde. Le corps tire sa nourriture de la tête. Il opère ainsi « sa croissance en Dieu » (Col 2,19b) au service de l'Évangile.

L'hostie montrée au peuple immédiatement après la consécration, puis le calice élevé, ont conforté un besoin de voir qui, au XVe siècle, s'est emparé des fidèles. Les chœurs s'enfermaient derrière les jubés et, à Paris, un chroniqueur se plaint que tout un chacun courait d'église en église pour voir les élévations. Au sommet de la messe, la grande élévation conjointe de l'hostie (tenue par le prêtre) et du calice (élevé par le diacre en mémoire des serviteurs du meilleur vin de Cana – Jn 2,9) fut nommée « la petite élévation... », alors qu'elle saisit l'assemblée, la conduit avec le Fils à louer le Père dans l'Esprit. La « grande » élévation (où, très tardivement, on baissait la tête et ne voyait rien) est pour la « petite ». Qui, en fait, reste la grande.

Ces déplacements ne sont pas insignifiants pour comprendre l'eucharistie. À vrai dire, le moment décisif arrive avec le geste

7. « Nous sommes l'offrande faite à Dieu, pour le Christ » (Clément d'Alexandrie, *Le Protreptique,* IV 59, 2, Paris, Cerf, 522, 1976, p. 123).

8. Pour les lévites à la place des premiers-nés, voir Nb 3,12.45.

qui, dès les débuts, désigne la messe : la fraction du pain (Ac 2,46). Pain partagé entre tous, mais pain que tous ne consomment pas entièrement. Une part (celle qui va dans le calice) était portée aux autres communautés, une part était gardée pour les malades et les voyageurs. Telle est l'origine de la « sainte réserve ». On ne devrait adorer qu'une hostie brisée, rompue pour le partage, et non une hostie ronde, intacte, sans le signe des autres[9]. Il n'est pas non plus sans valeur que les diacres soient les serviteurs de cette fraction et de ce partage. La présence offerte attend, disponible pour la communion. Dieu pour nous, Emmanuel.

La messe effectue l'eucharistie et l'eucharistie est plus large que la stricte célébration. Elle façonne un peuple eucharistique, car elle l'oriente vers le don et le partage, vers l'offrande de soi. Le don accompli aspire à un don plus vaste. La récompense de la générosité est une générosité plus ardente. Lorsque, le dimanche, des chrétiens se rassemblent pour célébrer la joie de la résurrection, alors que la messe n'est pas possible, leur union au Christ (Mt 18,20), leur écoute de la Parole les attirent vers l'eucharistie. On ne saurait dire qu'il n'y a rien d'eucharistique dans leur prière. Comme me le disaient deux chrétiens attentifs à ne pas copier la célébration d'une messe moins la consécration : « Nous ne perdons pas le goût de la messe. » Ils en vivent le rayonnement et l'espérance, prouvant à leurs voisins que, chez eux, l'Église reste vivante. Alors, le sacrement de la confirmation, depuis des siècles donné après la première communion, acquiert une signification précise par rapport à l'eucharistie, même si l'ordre ancien des sacrements de l'initiation chrétienne s'en trouve modifié.

Je dirais volontiers que la confirmation empêche de reléguer l'eucharistie à des points secondaires et de la détourner ainsi de l'ampleur de son élan. Répandu sans mesure sur le Christ

9. Un homme disait : « Je veux bien qu'on consacre 50 % du temps à adorer le Christ dans l'eucharistie, si on consacre les 50 % qui restent à le contempler dans les autres. »

jusqu'au don final de lui-même, déversé sur toute chair, l'Esprit garde à l'eucharistie une dimension à la mesure de la création et, en chaque croyant, une intime union à l'oblation du Christ. Quand on voit combien, à travers les siècles, l'eucharistie fut l'objet de conflits et de tensions, de sensibilités ombrageuses et concurrentes, il est vraiment nécessaire que souffle l'Esprit dont on ignore d'où il vient et où il va (Jn 3,8). Heureusement! Il reste « la voix entendue », la Parole nourrissante et remémorée dont l'Esprit dévoile progressivement l'entière vérité (Jn 16,13) pour la vie du monde.

Le monde nouveau

Au centre-ouest de la France, dans le département des Deux-Sèvres, la petite église de Pioussay vient de retrouver, sous de vieux badigeons, des fresques du XVe siècle. Elles entourent l'autel, retraçant le mystère pascal, des Rameaux à la Résurrection.

À gauche de l'autel, la table de la Cène a la même forme que le tombeau représenté en face. Saint Jean est assis devant le Christ et se penche vers lui, par-dessus la table étroite. Le Christ pose son avant-bras gauche sur l'épaule droite de son disciple. Et sa main gauche, derrière l'apôtre, tient ostensiblement une chose ronde. De la main droite, le Seigneur bénit Jean et ce que tient son autre main. Admirable peinture théologique.

D'une part est signifiée cette *humanitas,* l'accueil amical que la *Règle de saint Benoît* utilise une seule fois, pour désigner le repas offert à l'hôte[10]. Humanité de tendresse et de partage. Mais que tient donc le Christ? Que représente cette chose ronde? L'hostie? Pourtant, le pain est posé dans un plat sur la table. Il y a plus: le cercle est peint en bleu, de cette couleur qu'à la même époque les fresques du Christ en majesté donnaient au globe. Le Christ, à travers l'amitié, dans l'eucharistie, présente le monde nouveau, cette terre nouvelle qu'annonce le sacrement.

---

10. *Règle de saint Benoît,* 53,9. Sources chrétiennes 182, II, p. 678, Paris, Cerf, 1972.

La rigueur janséniste, en exaltant l'eucharistie, l'a en fait coupée de la réalité de l'histoire. Elle l'a sortie de son enracinement terrestre. Le pain venu du ciel, elle réduisait au minimum son incarnation à partir des fruits de la terre et du travail des hommes. L'investissement social ultérieur, venu en mouvement de balancier, n'a pas suffit à rendre crédit à la réalité humaine. Par lui, on cherchait à modifier les rapports de production, voire les rapports de force – ce qui n'est certes pas rien –, mais on oubliait souvent que l'inversion de ces rapports n'en changeait pas obligatoirement la nature. Intervertir puissants et pauvres ou chercher une moyenne ne touche pas encore au type de relations qu'entretiennent les hommes. L'oppression pouvait poursuivre ses ravages.

Une étroitesse parallèle se retrouvait dans la manière de célébrer. Une tendance ritualiste a rapetissé les gestes liturgiques au point de les rendre insignifiants, de la même façon que l'étiquette de certaines cours impériales obligeait à bouger le moins possible, conférant ainsi au plus infime détail une importance démesurée, mais incompréhensible hors de son cadre. Le fameux « sens du sacré » a contraint à miniaturiser les attitudes. Il n'est donc pas étonnant qu'on le perde ! N'y gagnent que les maîtres des cérémonies. Une réaction inévitable s'est déclenchée : on a voulu de l'ampleur, de l'emphase, un excès de vitalité. N'y ont gagné que de nouveaux maîtres de cérémonie. Mais la vérité et la signification de la liturgie ont été oubliées au profit de la manière de faire. C'est ainsi qu'un nouveau ritualisme sert de code de reconnaissance à ceux qui ont besoin de refuge devant un monde difficile.

Revenons aux fresques de Pioussay. Elles disent précisément autre chose. Car elles conjoignent le repas de la Cène, l'amitié du Christ pour Jean, l'annonce de la Passion et un monde à venir qui est ici, en cet acte, inauguré. Sont donc affichés une espérance et les moyens de la faire vivre. Ces moyens consistent dans le partage d'amitié et dans l'offrande de soi. L'amitié : le Christ appelle ses disciples « amis » (Jn 15,15) et leur prescrit de s'aimer les uns les autres (Jn 13,34) d'un amour qui, semblable au sien, va jusqu'aux ennemis (Lc 6,35). Aimer ne désigne pas ici un simple sentiment interpersonnel, mais le projet de faire vivre l'autre jusque dans ses dimensions sociales. Quand Jésus guérit la belle-mère de Pierre, le repas qui suit est servi par une femme à qui les règles de pureté interdisaient de servir à table. Jésus l'introduit en des relations nouvelles (Mt 8,15). L'ami se réjouit d'être auprès de son ami (Jn 3,29). Il se tient donc là où l'entraîne son ami, à la place du serviteur (Jn 13,14-16). L'eucharistie nous apprend à être serviteurs du dessein de Dieu : « Que ta volonté soit faite » par un simple serviteur ou par un serviteur ordinaire qui fait ce qu'il doit (Lc 17,10) [11]. À ceux qui auront fidèlement servi, le maître donnera un festin : « Il se ceindra, les fera mettre à table et, passant de l'un à l'autre, il les servira » (Lc 12,37) [12]. L'eucharistie nous apprend à servir et accorde la récompense du service, pour un plus grand service. Car le Pasteur authentique aime ses brebis et donne sa vie pour elles (Jn 10,15). L'eucharistie nous entraîne à nous donner jusqu'au bout. En quoi consiste ce service ? À façonner le monde que veut le Christ.

Une intercession des vêpres demande : « Roi de la création nouvelle, tourne nos désirs vers le monde à venir [13]. » Au cours des siècles, le christianisme s'est parfois montré étrangement accommodant avec les pouvoirs installés, pourvu qu'ils lui laissent la liberté de ses œuvres et de son organisation. Les concurrences concernaient des questions de préséance. C'est ainsi que le jugement des nations, évaluées selon leur attitude envers les affamés, les malades, les emprisonnés (Mt 25,31-40) – ce qui suppose de leur part un exercice de justice –, a été transcrit dans des sociétés chrétiennes selon la logique de l'aumône, qui ne change rien à la structure sociale et touche rarement aux causes des inégalités. Plus récemment, et à bon droit, l'Église

11. *Revue biblique*, avril 1992.

12. « La béatitude des justes est un banquet où lui-même les sert » (Nicolas Cabasilas, *La vie en Christ*, IV, 68, Paris, Cerf, SC 365, 989, I, p. 323).

13. Temps pascal, lundi 5e semaine.

s'est engagée pour la dignité de tout homme. Il lui reste à s'avancer pour promouvoir l'égalité. Il n'est que de constater l'énorme disparité des revenus et des accès aux décisions qui concernent la majorité des humains pour comprendre l'urgence de cet effort. Le problème décisif posé par l'eucharistie n'est pas de se contenter d'améliorer ce qui est, mais de chercher à convertir les gens à un nouveau point de vue sur le monde. Il est devenu – hélas ! – de bon ton de dauber sur l'humanitaire. Mais celui-ci ne consiste pas à répandre fortement de bons sentiments. Il suppose une idée de l'humanité de l'ordre du rétablissement.

Le sacrifice de Jésus met en procès les raisons de vivre, les conditions d'existence faites aux autres. On ne saurait l'oublier. Ainsi, les oblats apportés à l'offertoire sont partagés entre tous, suivant une logique dont l'obole de la veuve reste l'exemple : « De son indigence, elle a mis tout ce qu'elle possédait, toute sa vie » (Mc 12,44). Donner engage le tout de la vie.

Dans la ligne du sacrifice d'Abraham et de l'offrande à Melchisédech, le sang ne coule plus. Dans le calice, on verse le sang de la grappe. Sur l'autel repose du pain et non plus une chair sanguinolente[14]. Le Christ a mis fin à toute violence. En s'offrant en nourriture, il se donne comme sacrifice de paix, réconfortant et vivifiant. Il serait inconvenant de récupérer la violence par des images de pouvoir, même doucereux. Une fuite dans des dévotions qui feraient oublier combien le Christ est venu pour la paix de tous prolongerait l'emprise aliénante de toutes les formes de pouvoir. D'où le fait qu'au sein de l'institution de l'eucharistie le Christ met en garde ses disciples contre l'ivresse du pouvoir (Lc 22,26). Cette paix que le monde, livré à ses contradictions, ne saurait donner, le Christ l'accorde en se

14. « À la place des sacrifices sanglants, il a institué le sacrifice conscient, non sanglant et mystique, qui est célébré en la mort du Seigneur grâce aux symboles, sacrifice de son corps et de son sang ; à la place d'un culte lié à un lieu, il a prescrit et ordonné de lui rendre gloire depuis le soleil levant jusqu'au couchant, en tout lieu de son domaine » (*Constitutions apostoliques,* VI, 23, 5 Paris, Cerf, 1986, Sources chrétiennes 329, II, p. 373).

donnant lui-même (Jn 14,27) pour que naisse un monde nouveau. Sont fils de Dieu « ceux qui font régner la paix » (Mt 5,9). Cette paix agit comme une réconciliation, en tant que réconciliation avec le frère. C'est dire l'importance du geste de paix avant de communier (Mt 5,23-24). Le frère aîné de la parabole n'aura part au festin fêtant le retour du fils perdu que si, arrêtant de dire « ton fils » (Lc 15,30), il accepte de dire « mon frère ». L'autre n'est plus l'étranger. Il fait partie de moi. L'eucharistie l'incorpore au Christ en moi. La nouveauté qu'elle apporte va jusque-là.

Quel obstacle nous empêche de nous ouvrir à une telle vision du monde ? La peur de manquer, donc la peur de la mort. C'est pour dépasser la mort qu'Ève s'empare du fruit de l'arbre de la vie. C'est à cause de la précarité de la vie que les hommes s'illusionnent en amassant des biens. Pourtant, « la vie de l'homme n'est pas assurée par ses biens » (Lc 12,15). Le riche de la parabole (Lc 16,19-31) pense que l'apparition merveilleuse d'un ressuscité convertirait ses cinq frères. Abraham lui répond qu'ils ont déjà tout ce qu'il faut pour éviter « ce lieu de tourments ». Moïse et les prophètes leur enjoignent déjà ce qu'il faut faire : agir avec justice en traitant les autres comme Dieu agit envers les siens. Pour celui qui ne s'est pas évertué de toutes ses forces, de toute son espérance, à faire vivre au moins une autre personne, la résurrection restera un fait extérieur. L'eucharistie ne le travaillera pas, celui que le souci du frère ne travaille pas.

La peur de manquer conduit à garder sa vie, à se protéger. L'eucharistie arrive, les bras ouverts, les mains trouées qui ne gardent rien. « L'amour de l'argent est la racine de tous les maux » (1 Tm 6,10), cette convoitise dévorante (Jc 1,14)[15]. La trans-

15. Une histoire de Dom Hélder Câmara l'illustre clairement :

Les quatre petits enfants de mon ami

« Ils m'entendaient dire et redire : ‹ Cette boîte de chocolats est pour vous quatre : un, deux, trois, quatre... Vous avez bien compris ?... ›

« Lorsque je donnai la boîte au plus petit d'entre eux – en lui rappelant encore une fois que c'était pour les quatre –, le petit gamin l'étreignit contre sa poitrine en s'écriant : ‹ C'est à moi ! C'est à moi. › »

figuration du monde dans le Christ s'opère par une réconciliation entre les hommes. Les efforts vers la paix passent par la transformation du cœur qui, plein d'avidité pour être, devient un cœur qui met en œuvre la logique du Royaume. Il meurt à lui-même pour faire vivre, selon la dynamique du sacrifice que l'eucharistie place en lui. Ce sacrement conduit à vivre comme le Christ, à placer son existence dans « les sentiments qui furent ceux du Christ Jésus » (Ph 2,5). Là, en un lieu précis et dans un temps donné, le Royaume advient sacramentellement, reçu pour être partagé.

Car si la terre est confiée aux fils d'Adam (Ps 115,16), elle est particulièrement donnée aux hommes droits (Jr 27,5), c'est-à-dire aux pauvres dans leur cœur, aux doux, à ceux qui souffrent pour la justice (Mt 5,3.4.10). Tel est le chemin pour devenir, selon le mot du bienheureux Charles de Foucauld, « frère universel ». Et le frère se sait l'égal de son frère (Dieu ne choisit pas d'après le droit d'aînesse) :

> L'eucharistie lance un défi radical à la séparation entre les hommes, à la fragmentation sociale. Elle annonce que les murs entre les races, les nationalités, les classes sociales peuvent être abattus par l'adhésion à l'enseignement du Christ. L'eucharistie rappelle que, si l'Église ne bâtit pas incessamment, envers et contre tous, la difficile unité des citoyens de cette terre dans le pluralisme, elle perdra tôt ou tard le plus clair de sa signification[16].

Au lieu de se placer sur le terrain des explications philosophiques qui l'enserrent dans l'étroitesse d'une approche particulière, donc qui fragilisent la compréhension du sacrement en dehors de cette spécialisation, loin de sacraliser une pensée, l'eucharistie donne la présence du Christ sous la forme de la nourriture du Royaume, c'est-à-dire de l'espérance de vivre tous en Dieu (1 Co 15,28).

---

16. Philippe Goupille, *Le conflit désarmé*, Éditions Diocèse de Port-Louis, Maurice, 2004, p. 74.

Le monde nouveau attend de celui qui communie un travail patient et quotidien. Le pain de la marche se livre dans un lent travail de naissance qui saisit l'humanité avec sa peine, sa sueur, ses échecs et ses reprises. Cette grande réalité est vécue dans la vie quotidienne, humble comme le pain visible, grande comme la Présence. Dans nos mains, dans notre existence, elle construit avec nous la terre de résurrection. Le sacrement donne la vie qui fait vivre pour toujours, à condition de se livrer à son élan (Jn 12,50).

Il s'agit donc de se rendre disponible pour ce travail, de se laisser remplir par le dessein du Père, de se nourrir de sa volonté (Jn 4,34: « Ma nourriture est de faire sa volonté »). Telle est bien la prière que le Fils nous a laissée: l'accomplissement de la volonté appelle le Pain de ce jour. La joie de contempler le Christ silencieusement offert, de l'adorer en sa totale disponibilité, nous pousse par l'intérieur à nous livrer à son œuvre. Croire en lui nous rend serviteurs (Jn 14,12). Le plus intime du croyant et la plus exposée de ses actions trouvent, en cette intimité, une unité dynamique[17].

17. Voir la prière après la communion de la messe de saint Éphrem (9 juin) : « Ceux que tu fortifies, Seigneur, par le pain vivant, forme-les aussi par l'enseignement du Christ, pour qu'à l'exemple de saint Éphrem ils connaissent ta vérité et en vivent dans ton amour. »

8

Allez…

L'événement a tellement marqué les premiers chrétiens que le récit de la multiplication des pains se retrouve pas moins de sept fois dans les Évangiles. Tous les quatre – Matthieu, Marc, Luc et Jean – ont tenu à nous le rapporter et, malgré les nuances d'accentuation, l'essentiel, l'orientation du texte, reste manifeste. La multiplication des pains est tellement importante que Matthieu, Marc et Luc racontent chacun deux fois ce même événement, recueillant comme des miettes indispensables des traditions différentes pour les conjoindre dans un même texte.

Pourquoi une telle insistance? Parce que nous assistons à un renversement de perspective. Les foules humiliées de la Galilée, affrontées à un chômage croissant, à une misère grandissante, ne sachant plus à qui se fier, abandonnées par leurs dirigeants (le prince Hérode Antipas n'y venait qu'épisodiquement), soumises aux pressions concurrentes d'un pouvoir à la solde des Romains ou complaisant envers lui, ces foules hésitaient devant des mouvements séditieux qui n'avaient jamais cessé de se manifester dans la contrée.

Pourquoi suivre le Christ? Saint Luc (Lc 9,10-11) avance deux raisons. La seconde est manifeste, humaine, terrestre, compréhensible: le Christ guérit les malades. Dans un temps où il n'y avait qu'une médecine balbutiante et pas de médication efficace, où la maladie elle-même ne pouvait s'expliquer qu'à partir d'un péché, le sien ou celui de ses parents, à qui s'adresser sinon à quelques thaumaturges qui sillonnaient le pays? Voilà que, de chez eux, un prophète de Nazareth les guérit et les remet debout. Il envoie ses disciples pour élargir son action (Lc 9,1).

L'autre raison, la première, voit en Jésus, fils de leur chair et de leur pays, celui qui leur parle du règne de Dieu, un règne de liberté, un pays délivré de l'occupation, essentiellement une terre purifiée où la corruption ne régnerait plus, où la justice siégerait, où la paix serait établie. Le règne de Dieu rendrait la dignité à ce peuple humilié. Ils rêvaient, comme dans une épiphanie continue, des caravanes de dromadaires apportant au temple de Jérusalem les produits du monde entier. Un monde unifié autour de ce centre: la gloire de Dieu résidant parmi les siens, dans son temple. Parce qu'ils avaient ce désir fou de voir le règne de Dieu arriver, ils se jettent par milliers à la suite de Jésus de Nazareth. L'Évangile ne dit jamais que ce désir est faux ni même que ces foules se trompent. Il va simplement en montrer les limites.

Le soir arrive... Ils sont isolés, dans la situation angoissante du peuple hébreu lors de son exode à travers l'immense désert. La lumière décline... Ils sont fatigués comme des brebis sans berger et ils ont faim. Ils touchent du doigt, à ce moment-là, que les ressources humaines habituelles et ordinaires du travail, du commerce, de l'achat et de la vente sont devenues inefficaces. Un monde ordinaire est en train de s'achever, ce monde que le Christ évoque dans saint Matthieu (Mt 24,37-39) et dans saint Luc (Lc 17,26-30) : on plante, on cueille les fruits, on bâtit la maison, on achète et on vend, on se marie; ce monde d'activités nécessaires pour continuer la race des hommes; ce monde qui conduit des invités au festin des noces à ne point s'y rendre, et pour des raisons parfaitement légitimes: il vient d'acheter des paires de bœufs, il faut bien les essayer; il vient d'acheter une maison, il faut bien la voir; il vient de se marier, il faut bien qu'il reste auprès de son épouse... Ces raisons délimitent l'homme seulement à sa mesure, à sa taille, à ses habitudes, à ses goûts. Ce soir, ils éprouvent que ces logiques se révèlent mortifères: ils ne peuvent trouver de quoi manger. Une logique de productivité normale, bonne et saine, montre qu'elle s'arrête avant le plein accomplissement du désir de l'homme. Même ces gens qui avaient attendu l'annonce du Royaume, dont ils espéraient bénéficier et tirer parti dans un peuple guéri de ses maladies physiques, donc un peuple originel, re-né, renouvelé… eh bien! ces gens sont à bout et ne peuvent aller plus loin: le soir tombe, la lumière s'éteint, la faim les tenaille, la mort rôde.

C'est alors que le Christ prend l'initiative, une autre direction: « Donnez-leur à manger. » Les disciples eux-mêmes font l'expérience d'une sorte de passion, mais dans le sens de la mort, celle de l'incapacité à aider l'autre, ce tourment profond qu'on éprouve quand on voit souffrir une personne aimée, quand on vous présente un cas social désespéré. On voudrait faire quelque chose, être le saint-bernard universel, mais on ne peut rien: « Nous n'avons pas de quoi leur donner à manger. » Comme l'apôtre Philippe commentera: « Même si nous avions 200 deniers, cela ne suffirait pas pour nourrir 5 000 hommes » (Jn 6,7), et ajoute Matthieu: « … sans compter les femmes et les enfants » (Mt 14,21).

Quelle source va donner à manger? Le Christ prend les deux petits poissons, les cinq pains qu'un enfant – un enfant! – avait apportés avec lui. Et Il donne! Le renversement est là. Si l'on veut parvenir à la pleine humanité, si l'on veut que la création soit à la mesure du dessein de Dieu, il ne suffit pas de travailler, de bâtir, de planter, il ne suffit même pas de se marier devant monsieur le maire et monsieur le curé, car ces logiques-là, nous savons très bien comment les ramener à notre mesure, comment en faire l'expression de nos intérêts, comment, sous de nobles motifs, l'égoïsme le plus sordide devient capable de diriger jusque dans l'amour le plus affirmé.

L'affirmation de soi est capable de maîtriser et de détourner les actions apparemment les plus généreuses, les plus désintéressées, les plus charitables. Plus on dit aimer, plus on renforce l'égocentrisme qui dirige en secret.

La logique du Christ est différente : « Donnez-leur à manger. » Il prit le pain, il dit sur lui la bénédiction, il le rompit : la formule qu'on retrouve à la Cène, à Emmaüs et à chaque messe. Ce partage devient nourriture vivifiante pour l'homme. Comprenons bien !

Le changement ne se tient pas dans le fait que le Christ aurait trouvé un remède supérieur aux autres médicaments, qu'il nous enseignerait à donner pour nourrir une vie qui existerait par ailleurs, comme si, faute de pouvoir acheter, on allait chez le voisin, tels cette veuve qui réclame justice ou cet homme éploré qui quémande un morceau de pain en pleine nuit pour sustenter des amis de passage. Le don, à ce moment-là, représente un magnifique superflu, l'excédent d'une vie que nous conduisons par ailleurs. C'est peut-être le piège le plus subtil de la dévotion à l'eucharistie : prendre l'eucharistie pour fortifier sa vie, pour conforter ses orientations, c'est-à-dire réitérer, au cœur même de l'acte eucharistique, ce qui fut le geste d'Ève : « Elle vit le fruit, elle le trouva appétissant et elle s'en empara, pour elle. » Cette gourmandise de l'égoïsme est capable de s'infiltrer au cœur même de la dévotion à l'eucharistie pour que celle-ci renforce mes propres opinions, fortifie ce que je suis. De cette manière, on ramène le Christ à ses propres intérêts et l'on remet au cœur du don même l'affirmation de soi la plus sordide.

Ne soyons pas dupes des grandes dévotions et des grands mots ! Il ne suffit pas d'affirmer des choses justes ; le vrai problème est de savoir quelle relation nous entretenons avec ces choses justes. On peut prendre égoïstement l'acte de charité, l'acte même de communier. Alors, que dit le Christ ? Il proclame cette chose fondamentale : pour lui, Jésus, l'eucharistie n'est pas un don comme les autres dons, elle ne vient pas renforcer une vie préexistante. Pour comprendre ce qu'est l'eucharistie, il faut passer par la Trinité. C'est pourquoi le Christ dit la bénédiction (Dieu soit béni !) sur le pain.

Le Père est Père dans l'acte de se donner totalement à son Fils, et le Fils est Fils dans l'existence absolument rendue à son Père. Par conséquent, l'eucharistie rend présent en notre histoire l'acte même du don, le mouvement premier de Dieu, cette générosité essentielle qui fait que Dieu est partage, communion et amour. C'est parce que Dieu est don qu'il a créé. L'action de l'eucharistie est de nous faire passer d'une vie spirituelle tournée sur nous à cette vie dans l'Esprit, imprégnée de l'Esprit trinitaire, qui nous rend « donnables », si j'ose dire, comme le Christ s'est donné.

Cet élan a poussé Jésus à tout donner, nous abandonnant sa dépouille, mais laissant ce mouvement insaisissable, ce souffle qui n'a pas de frontières et qui a troué, percé l'auberge que les pèlerins d'Emmaüs croyaient enclose. L'eucharistie est le souffle de Dieu à la mesure de Dieu, et Dieu ne mesure pas l'Esprit qu'il donne. Elle n'est donc pas un don qui nous renforcerait, elle est la vie elle-même dans son essence, dans son cœur comme don, car elle est la présence de Dieu, cet élan créateur de Dieu aujourd'hui parmi nous. Souffle vivifiant qui nous transfigure et nous re-crée. Le Christ continue de nous dire : ce mouvement, qui est l'acte même d'échange et de partage en Dieu, est donc communication en Dieu. De la même façon, sur terre, la présence de Dieu ne peut se comprendre que par le même élan de partage et d'échange.

À l'offertoire, les fidèles apportent le pain et le vin pour l'eucharistie. Très probablement, aucun d'entre eux n'a semé le grain, récolté la moisson, pétri la farine, travaillé le pain pour façonner l'hostie. Mais s'ils ne donnent pas ce pain et ce vin, reçus d'autres hommes, la messe devient impossible. Si un enfant n'avait pas donné cinq petits pains et deux petits poissons, la multiplication des pains n'aurait pas été possible. Si, dans l'humanité, par la Vierge Marie, nous n'avions pas donné au Fils de Dieu son corps, son sang et son histoire, l'incarnation n'aurait pas été possible. La logique même de Dieu est une logique trinitaire, de communion, et l'eucharistie n'est compréhensible que dans la logique de la communion réciproque, c'est-à-dire la logique selon laquelle on se donne totalement à celui qui se donne totalement. C'est le contraire même de l'assurance, de la garde et du maintien, le contraire même des intérêts et de l'égoïsme. La Présence nous pousse à nous rendre présents. Ce point central est justement le point que, depuis vingt siècles, nous avons le plus de mal à accepter. C'est pourquoi l'eucharistie constitue traditionnellement l'endroit de la disjonction et de la recherche du pouvoir d'un groupe sur l'autre, car cette volonté de puissance s'efforce de ramener l'autre à ce qu'on appelle l'unité, c'est-à-dire à soi-même, alors que l'eucharistie n'est qu'échange. À la multiplication des pains, le Christ oblige les foules à passer de leurs intérêts à la logique de l'échange, et il envoie ses disciples servir cette transfiguration.

Nous recevons pour donner. Nous communions, c'est-à-dire que nous nous acceptons en réciprocité, comme frères et sœurs. L'eucharistie bâtit l'Église. Nous célébrons la présence du Christ, mais le Christ présent nous donne les uns aux autres, dans l'acte même par lequel il se donne à nous.

Là encore, quand nous protestons pour avoir une eucharistie qui nous plaise, nous sortons de la logique de l'échange, de cette logique trinitaire qui est celle de la réciprocité. J'accepte la différence de l'autre, la culture, la théologie de l'autre, parce que cet autre accepte aussi ce que nous pouvons dire et célébrer. La vérité de l'eucharistie, dès le moment de la multiplication des pains, se tient en cette vérité humble, nue mais crucifiante de l'échange. Crucifiante, parce que nous ne comprenons l'eucharistie qu'en passant nous-mêmes par cette croix qui renonce à être tout.

Cet aspect rend le croyant homme de l'eucharistie silencieuse, passant de longs moments, seul, dans une chapelle à adorer le Christ présent. C'est la manière de devenir serviteur de ce corps du Christ qui est son Église. Car l'eucharistie existe pour bâtir le corps du Christ que nous sommes.

Arrive le troisième aspect de la multiplication des pains : le rôle des disciples. Eux sont les serviteurs de la présence, les serviteurs de la nourriture et de la vie. Ils reçoivent du Christ pour donner aux autres. La véritable question n'est pas de savoir ce que nous ressentons en communiant. La vraie question est celle-ci : en sortant de la messe, qu'allons-nous donner aux autres ? De qui serons-nous les serviteurs, quelle nourriture allons-nous transmettre à nos frères qui ont faim ? Car le monde a toujours faim d'une vie authentique de partage, d'égalité, d'échange et de dignité.

L'eucharistie sur le monde ne cherche pas simplement à faire de belles âmes, mais elle veut créer un monde d'eucharistie. Nous sommes tous différents, nous avons entendu la même parole. Il y a des gens qui ne se parlent pas. Nous sommes dans un monde déchiré par le terrorisme et par la guerre, et nous allons partager la paix, sans quoi nous ne reconnaissons pas l'échange eucharistique. Nous allons communier dans un monde déchiré.

La messe nous oblige à vivre eucharistiquement, à célébrer ce monde à venir, cette espérance immense de Dieu sur un monde renouvelé où déjà, comme l'écrit saint Paul, peu à peu le Christ récapitule la création entière pour en faire un monde filial, c'est-à-dire fraternel (Ép 1,10). L'eucharistie nous introduit dans le dessein de Dieu sur la création, mais nous y introduit comme serviteurs. Le plus intime de nos prières, le plus secret de notre cœur deviennent le plus commun de la fraternité et de la mission envers l'humanité tout entière.

C'est ce décentrement de soi, ce retournement de nos vies que l'eucharistie nous oblige à accomplir. C'est ce retournement que sert le ministère du prêtre, pour que l'Évangile nourrisse chaque fidèle, pour que la parole créatrice, la parole eucharistique – « ceci est mon corps, ceci est mon sang » – pétrissent une humanité nouvelle. L'engagement social découle de cette compréhension de l'eucharistie. La vie spirituelle la plus exacte et la plus juste est en même temps la plus incarnée, la plus livrée et la plus donnée. Il ne faut pas séparer ce que nous aimons par intérêt à diviser.

Alors, dans notre vie, s'inscrit une phrase qui, de saint Jean Chrysostome, au IVe siècle, à Bossuet, est même passée dans une oraison dominicale : « L'eucharistie ne sera jamais achevée tant que nous-mêmes ne serons pas devenus eucharistie. »

Table des matières

MARQUIS
Marquis imprimeur inc.
Québec, Canada
2008